Muslime in Sachsen

Editorische Notiz

Aus Gründen der besseren Lesbarkeit wird auf die durchgehende Verwendung geschlechterspezifischer Formulierungen verzichtet; selbstverständlich sind Personen aller Geschlechter eingeschlossen.

Bildnachweis

Foto: Rebecca Nordin Mencke, Dresden 2015, S. 4
© PUNCTUM/Bertram Kober, S. 5
Foto: Andreas Reuter: S. 133

Bibliografische Information der Deutschen Nationalbibliothek

Die Deutsche Nationalbibliothek verzeichnet diese Publikation in der Deutschen Nationalbibliografie; detaillierte bibliografische Daten sind im Internet unter http://dnb.dnb.de abrufbar.

ISBN 978-3-361-00715-4

Umschlaggestaltung
Phillip Hofmeister, Hofmeister Stauder. Büchermacher, Berlin
Projektmanagement und Lektorat
Kirsten Witte-Hofmann
Mitarbeit
Michelle Raubold
Satz und Layout
Phillip Hofmeister, Hofmeister Stauder. Büchermacher, Berlin
Herstellung
Sabine Artner
Druck und Bindung
GGP Media GmbH, Pößneck

Printed in Germany

Muslime in Sachsen

Geschichte, Fakten, Lebenswelten

herausgegeben von
Marie Hakenberg und Verena Klemm

Edition Leipzig

Die Tabak- und Zigaretten-
fabrik Yenidze in Dresden ▸

▾ Das Marwa El-Sherbini Zentrum in Dresden

ENIDZE
Magdeburger Str.

Inhalt

Religion und Gemeindeleben

Diskriminierung und Ausgrenzung

Kunst und Kreativität

Anhang

Einleitung

Muslime in Sachsen – bilden Muslime mit einem Anteil von 0,48 Prozent der Gesamtbevölkerung des Freistaats überhaupt eine nennenswerte Gruppe?[1] Entspringen sie als beachtenswerte Größe nicht einfach nur der Polemik von PEGIDA und ihren Ablegern, die Ängste und Ressentiments vor einer »Islamisierung des Abendlandes« schüren?

Als wir im April 2015 mit der Planung und Umsetzung des Buchprojekts »Muslime in Sachsen. Geschichte, Fakten, Lebenswelten« begannen, wussten wir sogleich, dass dies ein höchst ergiebiges Thema sein würde. Nicht etwa weil wir glaubten, dass hier Muslime eine besonders auffällige Minderheit darstellen, sondern weil Muslime hier leben und dennoch kaum beachtet werden: Nur wenige kommen mit Muslimen in Kontakt,[2] kaum jemand weiß von den Erfahrungen, die sie machen, obwohl sich doch sehr viele Menschen aus ganz unterschiedlichen Gründen – es können historische, politische, religiöse und viele andere sein – für den Islam interessieren.

Die Beziehungen von Sachsen in den Vorderen Orient reichen bis in die Zeit der Kreuzzüge zurück. Sie waren seit der Neuzeit durch militärische wie auch friedliche Kontakte, durch intensiven diplomatischen Austausch und enge Handelsbeziehungen geprägt. Eine nennenswerte Zuwanderung von Muslimen nach Sachsen begann in der zweiten Hälfte des 20. Jahrhunderts. In der Zeit der DDR wurden Arbeitskräfte, Experten verschiedenster Branchen, Studierende und Flüchtlinge ins Land geholt. Seit den 1990er Jahren kommen ebenfalls im Rahmen von Mobilität und Zuwanderung Menschen aus der islamischen Welt als Arbeitnehmer, Studenten und Wissenschaftler nach Sachsen, als Flüchtende wie aus dem ehemaligen Jugoslawien und zuletzt aus den ausgedehnten Kriegsgebieten in Syrien, Irak und Afghanistan. Schon bei dieser Aufzählung wird deutlich, dass »Muslime in Sachsen« keine abgrenzbare Gruppe sind, über die man etwas für alle von ihnen Zutreffendes schreiben könnte. Muslime in Sachsen repräsentieren eine große Heterogenität im Hinblick auf ihre Herkunft, die Gründe ihres Hierseins und entsprechend auch auf die Umstände, unter denen sie hier leben – wollen, können oder müssen.

Ein weiterer Faktor der Differenzierung ist die Religion selbst. »Muslime« ist eine Bezeichnung, die angesichts der Bandbreite an innerislamischen Konfessionen bereits eine große Vielfalt in sich trägt. Wir benutzen sie im Folgenden für viele verschiedene Menschen, ohne diese auf die Beziehung zu ihrer Religion festlegen oder gar reduzieren zu wollen. So sind Muslime in Sachsen Angehörige verschiedener islamischer Konfessionen und Gemeinschaften und leben ihren Glauben in unterschiedlicher Intensität. Darunter sind auch Menschen, die sich selbst mehr in der islamischen Kultur als in der Religion des Islam verorten.

Noch immer wird in einwanderungspolitischen Debatten gefragt, ob der Islam in den Rahmen der Rechtsordnung der Bundesrepublik Deutschland und das Gefüge einer säkular geprägten Gesellschaft integrierbar ist. Diese Frage prägt zugleich den dominanten Diskurs über Muslime in Deutschland. Sie wird nicht zuletzt durch radikale Islamisten geschürt, die längst über die islamische Welt hinaus im Westen aktiv geworden sind. Es gilt bei allen auch hierzulande verbreiteten Ängsten zu bedenken, dass diese Terrormilizen in erster Linie die Lebensgrundlage und Existenz von zahllosen Muslimen wie auch die anderer religiöser Gemeinschaften im Nahen Osten vernichten. Ihr verheerendes Wirken bedeutet auch die Zerstörung der vom Islam geprägten kulturellen Traditionen in den betroffenen Regionen und ist damit primär für die dort lebenden und von dort flüchtenden Menschen eine immense und bislang nicht einzudämmende Bedrohung.

Deutschland ist ein pluralistisches und multireligiöses Land. Mit ca. vier Millionen Anhängern ist der Islam die zweitgrößte Religion. Doch wie präsent sind Muslime im Freistaat Sachsen? Welche Spuren hat die Geschichte hier hinterlassen? Wie leben Muslime heute ihre Religion? Welche religiösen Orientierungen haben sie, welche Räume haben sie geschaffen und wie sind sie untereinander vernetzt? Welche Rechte und Möglichkeiten der Gestaltung und Mitwirkung haben sie als religiöse Minderheit? Wo liegen Probleme, Herausforderungen, Handlungsfelder für sie, wie auch für Gesellschaft und Politik? Das Buch möchte darüber informieren und dabei Einblicke in Lebenswelten und Erfahrungen von Muslimen in Sachsen geben.

Dieses Buchprojekt wurde mehrheitlich von Studierenden der Arabistik, von Doktoranden, Mitarbeitern und Professoren des Orientalischen Instituts der Universität Leipzig gestaltet. Auch Studierende bzw. ehemalige Studierende der Ethnologie und Religionswissenschaft trugen dazu bei. Als externer Experte wirkte Holger Schuckelt, Orientarchäologe und Oberkonservator an den Staatlichen Kunstsammlungen Dresden, mit. Sie alle arbeiteten und recherchierten mit großer Begeisterung und ließen ihre durch Studium, Beruf und ehrenamtliches Engagement erworbenen Kompetenzen in das Buch einfließen.

Der aktuelle Zusammenhang, in den sich dieses Buch einordnen muss, ist durch die zunehmende Islamfeindlichkeit in Deutschland geprägt. Sie ist in der Mitte der Gesellschaft angekommen. Im Juli 2014 erschien an der Universität Leipzig die Studie »Die stabilisierte Mitte – Rechtsextreme Einstellung in Deutschland 2014«. Die Herausgeber Oliver Decker, Johannes Kiess und Elmar Brähler stellten unter Verweis auf die Ergebnisse ihrer vorangegangenen Studie von 2012 zusammenfassend fest, dass »die Islamfeindschaft das neue Gewand des Rassismus geworden ist«[3]. Eine Gemeinsamkeit mit dem Antisemitismus besteht darin, dass es sich um eine als *religiös* identifizierte Minderheit handelt, die diskriminiert wird.[4] Hauptangriffspunkt bei dieser Form des kulturalistisch geprägten Rassismus (im Unterschied zur biologistisch-rassistischen Argumentation) ist die vermeintliche Rückständigkeit der islamischen Kultur.[5] Darüber hinaus zeigt die Studie, dass neben einer deutlich steigenden Abwertung von Muslimen in Deutschland eine stark zunehmende Abwertung von Asylbewerbern zu verzeichnen ist.[6] Tatsächlich können wir offenbar eine gegenseitige Verstärkung beider Feindbilder und damit eine wachsende Stigmatisierung von hier lebenden Muslimen sowie von Asylbewerbern aus islamisch geprägten Ländern, gleich welcher Religionszugehörigkeit, beobachten. Menschen, die aus diesen Ländern kommen, werden (neben Sinti und Roma) noch weitaus mehr als andere Ausländer verachtet.[7]

Beachtenswert sind angesichts der derzeitigen, politisch aufgeheizten Notlage das Engagement und der Einsatz der Bevölkerung, die mit ehrenamtlicher Hilfe und mit Hilfsprojekten, lokalen Hilfsnetzwerken, Rechtsberatung, Dolmetscherdiensten, Aktions- und Willkommensbündnissen, Kinder- und Schülerhilfe, Opferberatung und vielen anderen öffentlichen und privaten Initiativen die demokratische und pluralistische Zivilgesellschaft auch in Sachsen repräsentieren.

In Zeiten, in denen Islamfeindlichkeit und Gewalt gegen Menschen auf der Flucht in Deutschland und speziell in Sachsen einen neuen Höhepunkt erreicht haben, soll unser Buch zur dringend benötigten Versachlichung der Debatte beitragen und zeigen, dass kulturelle Vielfalt eine große Qualität und Stärke unserer Gesellschaft und damit auch unseres Bundeslandes ist.

An dieser Stelle wollen wir allen Autorinnen und Autoren danken, die dieses Buchprojekt innerhalb eines kurzen Zeitraums mit uns gestaltet haben. Unser Dank schließt alle Interviewpartnerinnen und -partner mit ein. Ebenso danken wir: Ganz besonders Annett Heerklotz sowie Mona Feise, Wenke Krestin, Neda Miladi und Friederike Schmidt, die kompetent bei Recherche und Redaktion mitwirkten. Annika Bach von der Verlagsgruppe Seemann Henschel in Leipzig, die dieses Buchprojekt initiierte, sowie Werner Rellecke (Referatsleiter Publikationen der Sächsischen Landeszentrale für politische Bildung) und Kirsten Witte-Hofmann (Programmleiterin Edition Leipzig), die es als interessierte und zuverlässige Betreuer begleiteten. Susanne Fischer und Dr. Elisabeth Häger-Weigel (Staatliche Kunstsammlungen Dresden), die die Buchpräsentation im GRASSI Museum für Völkerkunde zu Leipzig sowie in der Kunstbibliothek im Residenzschloss Dresden veranlassen und organisieren.

Verena Klemm und Marie Hakenberg

1 Zu dieser und anderen Zahlen von Muslimen siehe unser Kapitel »Muslime in Sachsen«. Da die Religionszugehörigkeit nicht registriert wird, und da geschätzte Zahlen von Muslimen weder über die Intensität ihres Glaubens noch über die islamspezifische konfessionelle Vielfalt Auskunft geben, sind sie bestenfalls als relative Aussagen zu verstehen. Eine vergleichbare Unschärfe besteht bei der Zählung von Menschen, die – verstärkt seit Sommer 2015 – als Flüchtlinge hierzulande ankommen und die allein aufgrund ihrer Herkunft aus Ländern mit Hauptreligion Islam in Statistiken ebenfalls ohne Berücksichtigung religiöser Unterschiede der Kategorie »Muslime« zugeordnet werden.

2 Vgl. Bertelsmann Stiftung (Hg.): Religionsmonitor – Sonderauswertung Islam. Gütersloh 2015, S. 7.

3 Dies konstatieren die Herausgeber Oliver Decker, Johannes Kiess und Elmar Brähler in der Studie »Die stabilisierte Mitte – Rechtsextreme Einstellung in Deutschland 2014«, Leipzig 2014, auf S. 48 als ein Ergebnis ihrer ausführlichen Analyse von Islamfeindschaft in der vorangehenden Studie »Die Mitte im Umbruch – Rechtsextreme Einstellungen in Deutschland 2012«, Bonn 2012 (Teil 3.3., S. 86–101). Die viel beachteten und weithin zitierten »Mitte«-Studien werden seit 2002 am Kompetenzzentrum für Rechtsextremismus und Demokratieforschung der Universität Leipzig erstellt. Die Studien analysieren rechtsextreme Einstellungen in der Mitte der Gesellschaft und ihre Ursachen.

4 Decker et. al.: »Die stabilisierte Mitte – Rechtsextreme Einstellung in Deutschland 2014«, S. 67.

5 Ebd., S. 48.

6 Ebd., S. 49 ff., S. 62. Die Abwertung von Asylbewerbern wuchs von 25,8 % auf 75,4 %, in Korrelation zur steigenden Zahl von Asylanträgen. In Ostdeutschland sind es 84,7 % der Befragten (ebd., S. 51).

7 Ebd., S. 62.

1.
Geschichte, Fakten, Rahmenbedingungen

Marie Hakenberg und Verena Klemm

Muslime in Sachsen

Der Islam und die Muslime sind in den letzten Jahren in den öffentlichen Debatten stark in den Vordergrund gerückt, in Sachsen zuletzt vor allem angefacht durch PEGIDA[1]. Oft lassen die Debatten vermuten, dass die Einwanderung und Präsenz von Muslimen in Sachsen eine Folge der Wiedervereinigung und der Integration der neuen Bundesländer ins politische System und damit auch in die Einwanderungspolitik der BRD sei. Jedoch öffnete die DDR ebenso ihre Grenzen für Arbeiter, Experten, Studenten und politische Flüchtlinge aus islamischen Ländern, wobei ihre Zahl gering blieb.

In diesem Beitrag geben wir zunächst einen Überblick über die Geschichte der Zuwanderung von Muslimen nach Sachsen von der Nachkriegszeit bis heute. Sodann benennen wir einige Daten und Fakten zu Präsenz und Heterogenität des Islams und beleuchten die Rahmenbedingungen, die Religionsausübung und Integration von Muslimen prägen.

Ausländer aus islamischen Ländern in der DDR

Die Ausländerpolitik der DDR zeichnete sich vor allem durch Ausbildungszuwanderung, aktives Anwerben ausländischer Arbeitskräfte aus befreundeten Staaten sowie die Aufnahme politischer Flüchtlinge aus.[2] Die Aufnahme war politisch motiviert und der Ausländeranteil blieb mit einem Prozent sehr gering, da sich die DDR – ebenso wie die BRD – nicht als Einwanderungsland verstand.[3] Migration stand unter einer restriktiven Kontrolle und direkter staatlicher Einflussnahme.[4]

Bereits 1954 und im Folgejahr wurden kleine Gruppen politischer Emigranten aus Iran aufgenommen, die unter der antikommunistischen Politik des Schahs Mohammed Reza Pahlavi verfolgt wurden.[5] Um ihre außenpolitische Isolation zu überwinden, unterstützte die DDR außerdem die algerische Unabhängigkeitsbewegung während des Algerienkrieges und nahm entsprechend Flüchtlinge auf; 87 algerische Geflüchtete waren Ende 1958 in der DDR.[6] Das Asylrecht von 1949 sah den Schutz von Ausländern vor, »wenn sie wegen ihres Kampfes für die in dieser Verfassung niedergelegten Grundsätze im Ausland verfolgt werden« (Art. 10, Abs. 2). Zusätzlich legte die Verfassung von 1968/1974 fest, dass Bürgern anderer Staaten Asyl gewährt wird, die »wegen politischer, wissenschaftlicher oder kultureller Tätigkeit zur Verteidigung des Friedens, der Demokratie, der Interessen des werktätigen Volkes oder wegen ihrer Teilnahme am sozialen und nationalen Befreiungskampf verfolgt« (Art. 23, Abs. 3) wurden. Entsprechend solidarisierte sich die DDR Mitte der 1970er mit den Palästinensern. So heißt es in einer gemeinsamen Erklärung von 1973: »Die SED bekräftigte, daß sie auch in Zukunft die Palästinensische Befreiungsorganisation in ihrem gerechten Kampf für die nationalen Rechte des palästinensischen Volkes aktiv unterstützen wird.«[7] So wurde unter anderem die Ausbildung von Studenten und Berufspraktikanten in der DDR vereinbart.[8] Bereits 1972 war es den aus der Bundesrepublik ausgewiesenen palästinensischen Studierenden ermöglicht worden, ihr Studium in der DDR fortzusetzen.

Auch anderen aus muslimischen Ländern stammenden Menschen wurde die Gelegenheit gegeben, eine Ausbildung oder ein Studium in der DDR zu absolvieren. Viele Ausländer kamen außerdem temporär als Vertragsarbeiter aus sogenannten sozialistischen Bruderstaaten in die DDR. Besonders in den 1970ern wurden verstärkt bilaterale Verträge mit Betrieben der Industrie, des Bau- und Verkehrswesens geschlossen.[9] Vor allem junge ledige Arbeitskräfte, und damit einzelne Arbeitswanderer, wurden angeworben, wodurch weitere Muslime beispielsweise aus Algerien kamen. Ende der 1970er lebten etwa 18 000 Algerier, einige Hundert Libyer als Auszubildende sowie eine unbekannte Zahl von Irakern, zumeist Studierende, in der DDR.[10] Zudem studierten zwischen 1970 und 1985 durch Ausbildungsabkommen 600 Südjemeniten in der DDR.[11] Auch unter den 14 900 sowjetischen Ausländern, die sich 1989 in der DDR befanden, dürften zahlreiche Muslime gewesen sein, wenn man bedenkt, wie viele Menschen sich im post-sowjetischen Raum zum Islam bekennen. Schlechte Arbeitsbedingungen und unterschiedliche gegenseitige Erwartungshaltungen führten immer wieder zu Konflikten. Bereits 1975 und 1976 streikten mehr als 600 algerische Vertragsarbeiter in acht Betrieben.[12] Aufgrund von wachsenden Konflikten und steigender Unzufriedenheit holte die algerische Regierung ihre Landsleute Ende der 1970er schließlich aus Protest zurück.[13]

Eine Ursache für die Konflikte war, dass die Politik auf kurzzeitige Arbeitsaufenthalte zielte und ausländische Werktätige in einer staatlich verordneten sozialen Segregation lebten.[14] Dies stimmt mit dem Gesamtbild überein. Während Anfang der 1990er Jahre 43 100 Menschen eine ständige Aufenthaltserlaubnis hatten, lebten 147 300 Ausländer mit einer befristeten Aufenthaltsgenehmigung in der DDR.[15] Durch die Wende verloren die Vertragsarbeiter ihren rechtlichen Status, viele von ihnen ihre Arbeit und die daran gebundene Aufenthaltserlaubnis. Die meisten Menschen mussten damit frühzeitig in ihre Heimatländer zurückkehren, so verließen 66 Prozent der Vertragsarbeiter bereits 1990 das Land, ebenso wie rund 50 Prozent der zuvor immatrikulierten ausländischen Studenten.[16]

Die Entwicklungen seit der Wiedervereinigung

Durch den Fall der Mauer und die Wiedervereinigung galten für die neuen Bundesländer die Einwanderungsbestimmungen der Bundesrepublik.[17] Das Thema Migration erhielt bald eine neue Dynamik, da durch die in Europa ausbrechenden militärischen Konflikte viele Menschen Asyl suchten. In den 1990er Jahren flohen zahlreiche Menschen vor den kriegerischen Auseinandersetzungen und ethnischen Vertreibungen während der Balkankonflikte nach Deutschland. Darunter waren Muslime, die Bosniaken. Ihre Religion wurde kaum debattiert, da die deutsche Bevölkerung sie oft nicht mit dem Islam in Verbindung brachte und auch heute noch nicht bringt.[18] Der Höchststand wurde im Jahr 1996 erreicht, als Sachsen 2000 Kriegsflüchtlinge aus Bosnien-Herzegowina aufnahm, was im Vergleich zu Nordrhein-Westfalen mit 75 000 Geflüchteten sehr wenig war. Zahlreiche der nach Sachsen gekommenen Flüchtlinge kehrten später in ihre Heimat zurück oder zogen weiter,[19] 49 wurden eingebürgert.[20] Heute leben 485 Menschen mit bosnisch-herzegowinischer Staatsangehörigkeit in Sachsen.[21]

Dies verdeutlicht auch, dass es sich bei dem Großteil der Geflüchteten um Menschen handelt, die nur ein temporäres Aufenthaltsrecht bekommen. In einigen der Beiträge dieses Buches (A. Heerklotz; S. Awada / R. Richter / H. Werhahn) werden Umstände und Konsequenzen dieser Verfahrensweise beleuchtet. Die beschränkte Aufenthaltsdauer und der Faktor des Fortzugs bleiben in der öffentlichen Debatte oft unsichtbar. Doch zahlreiche Migranten ziehen weiter, kehren in ihr Heimatland zurück, wenn sich die Situation dort stabilisiert hat, oder werden abgeschoben.

Im letzten Jahrzehnt spitzte sich die politische Situation in vielen Staaten und Regionen des Nahen und Mittleren Ostens zu, nicht zuletzt auch durch die massive Interventions- und Interessenspolitik des Westens. Daraus resultierten Zusammenbrüche von Staaten, Kriege und Flüchtlingsströme. Angesichts der desaströsen Situation in Afghanistan, Irak und Syrien kamen auch in den Jahren 2014 und 2015 besonders Geflüchtete aus diesen Ländern nach Deutschland. Außerdem flohen zahlreiche Menschen u.a. aus Tunesien, Libyen, Eritrea, der Russischen Republik Tschetschenien und Marokko.[22] Im Jahr 2015 werden nach dem Königsteiner Schlüssel 5,1 Prozent der Asylsuchenden in Deutschland Sachsen zugeteilt.

Flüchtlinge sind zu Zahlen geworden – so auch in diesem Artikel –, doch hinter jeder dieser Zahlen steht ein Mensch. Im August 2015 ist die Lage der Geflüchteten in Deutschland katastrophal, schlecht organisierte Massenunterkünfte sind mancherorts neue Norm, rechtsradikale Übergriffe häufen sich. Besonders Sachsen gerät wegen fremdenfeindlicher Gewalttaten immer wieder negativ in die Schlagzeilen. Auf der anderen Seite hat sich eine Willkommenskultur etabliert.

Zahlen und Fakten

Im Frühjahr 2015 beläuft sich die Zahl der Menschen (ohne Asylbewerber) aus Ländern, deren Hauptreligion der Islam ist, nach Schätzung des sächsischen Ausländerbeauftragten auf etwa 20 000, was 0,48 Prozent der Gesamtbevölkerung Sachsens entspricht.[23] Vor allem aufgrund der Flüchtlingskrise ist die Tendenz steigend.

Von den Städten im Freistaat hat Leipzig den größten Anteil von Einwohnern, bei denen von einem muslimischen Hintergrund ausgegangen werden kann (geschätzte 9000–10 000 Einwohner)[24], gefolgt von Dresden und Chemnitz. Darüber hinaus kommen mindestens 1600 Studierende der vier sächsischen Universitäten aus mehrheitlich muslimischen Ländern.[25] In Deutschland beträgt die 2008 ermittelte Zahl von Muslimen ca. 3,8 bis 4,3 Millionen, was einem Anteil von ca. 5 Prozent der Gesamtbevölkerung entspricht.[26] In neuesten Studien wird die Zahl gewöhnlich mit 4 Millionen angegeben.[27] In Sachsen leben also nur 0,7 Prozent aller in Deutschland lebenden Muslime.[28] Obwohl sie eine kleine Minderheit sind, konstituieren sie eine äußerst heterogene Gruppe, denn sie stammen aus verschiedenen Ländern und sozialen Schichten, sprechen unterschiedliche Muttersprachen und haben eigene religiöse und kulturelle Traditionen. Knapp 30 Prozent der in Deutschland lebenden Muslime sind in diesem Land geboren.[29]

Die statistische Erfassung von Muslimen wird dadurch erschwert, dass die muslimische Religionszugehörigkeit im Melderegister nicht gespeichert wird und islamische Gemeinden über keine zentrale Registrierung von Mitgliedern verfügen. Als repräsentative Datenquelle gilt allgemein die Studie »Muslimisches Leben in Deutschland«[30]. Andere Zählungen und Studien enthalten oft Faktoren der Überschätzung oder aber der Unterschätzung: So rechnen manche Zählungen nichtmuslimische Minderheiten (wie etwa Christen) zur Gruppe der Muslime, wenn sie aus einem mehrheitlich islamischen Herkunftsland kommen. Hingegen gibt es auch Zählungen, die die Folgegenerationen der Eingebürgerten nicht mitberücksichtigen.[31] Auch die Zahl der Deutschen, die zum Islam konvertieren, ist nicht erfasst.[32]

Islamische Konfessionen und Religionsgemeinschaften

Da sich die Zahlen verschiedener Quellen unterscheiden, lässt sich die genaue Zahl muslimischer Gemeinden in Sachsen nicht exakt ermitteln. Die Institutionalisierung muslimischer Gemeinden erfolgt im Allgemeinen als eingetragener Verein (siehe unten). Jedoch sind nicht alle Gemeinden in dieser Weise organisiert. Auch gehören viele Muslime keiner Gemeinde an und einige fühlen sich mit mehreren Gemeinden verbunden. Gemeinden bilden sich nicht etwa nur auf Grundlage der Glaubensrichtung, sondern auch in Hinblick auf die gemeinsame Herkunftsregion bzw. Muttersprache der Mitglieder. Die Stadt Leipzig nennt sieben Vereine, die Moscheen und Gebetsräume aufweisen.[33] In Dresden sind drei islamische Gemeinden registriert. Zwei Gemeinden gibt es in Chemnitz, jeweils eine in Plauen, Zwickau und Freiberg.[34] Eine Gemeinde mit überregionaler Ausstrahlung ist dabei das Islamische Zentrum e.V. Dresden, das sich in der Alfaruq-Moschee befindet. Sie ist der Mittelpunkt der ältesten islamischen Gemeinde in Sachsen, die bereits in den 1980er Jahren von Studenten und Vertragsarbeitern in der DDR in Dresden gegründet wurde.[35] Das in Öffentlichkeit und Medien präsente Zentrum arbeitet mit Politik, Behörden, Lehrern etc. zusammen und hat einen Sprecher sowie einen *Thinktank* für integrationspolitische Fragen.

Die meisten der in Sachsen lebenden Muslime sind Sunniten, Angehörige der größten islamischen Konfession.[36] Sie sind in verschiedenen Vereinen organisiert. Die Schiiten, die der zweitgrößten Hauptrichtung des Islams angehören, haben ihren Mittelpunkt im Islamischen Al-Sahra Center e.V. in Leipzig. Hinzu kommen Angehörige weiterer eigenständiger islamischer Religionsgemeinschaften. So die türkischen Aleviten, die islamisch-mystische Wurzeln haben, und deren Glauben auch Elemente vorislamischer Religionen des Orients in sich birgt. Nicht alle Aleviten verstehen sich als Muslime. Die Aleviten sind hauptsächlich über den Alevitischen Kulturverein CEM Haus e.V. in Leipzig organisiert. Leipzig ist auch der Mittelpunkt der in Sachsen lebenden Anhänger der Ahmadiyya, eine ins späte 19. Jahrhundert zurückreichende, reformorientierte Gemeinschaft, die von konservativen Muslimen als nichtislamisch bewertet wird (siehe Beitrag von T. Bioly). Eine mutmaßlich kleine Szene radikaler Muslime wird vom Verfassungsschutz um die Leipziger Al-Rahman-Moschee und ihren in salafistischen Kreisen gut vernetzten und mobilen Imam Hassan Dabbagh verortet.[37]

Grundrechte, Repräsentanz, Strukturen, Partizipation

Muslime haben wie alle anderen Religions- und Weltanschauungsgemeinschaften ein durch das Grundgesetz (Religionsverfassungsrecht) garantiertes Recht auf Religionsfreiheit und Religionsausübung. Religion darf im öffentlichen Raum sichtbar werden, sich artikulieren und beteiligen[38] (siehe Beitrag von H.-G. Ebert). Dies hat selbstverständlich im Rahmen des Grundgesetzes, das den Bedingungen des säkularen Rechtsstaats folgt, zu geschehen.[39] In Deutschland gelten nominell für alle Religionen die gleichen Rechte und Pflichten.

Die islamische Religionsgemeinschaft hat aufgrund ihrer nationalen, ethnischen und religiösen Heterogenität keine gemeinsame Repräsentanz. Somit wird sie in Deutschland nicht wie die beiden christlichen Kirchen und die jüdische Gemeinschaft als Körperschaft des öffentlichen Rechts anerkannt und ist ihnen rechtlich nicht gleichgestellt. Um eine öffentlich-rechtliche Anerkennung zu erwirken, organisieren sich Muslime in Vereinen und Verbänden.[40] Die vier größten islamischen Dachverbände haben sich wiederum zum Koordinationsrat der Muslime in Deutschland zusammengeschlossen. Er hat den Anspruch, den Großteil der sunnitischen und schiitischen Muslime in Deutschland zu vertreten.[41] In dem Zusammenschluss ist DITIB, die »Türkisch-Islamische Union der Anstalt für Religion e.V.«, der mitgliederstärkste islamische Dachverband.

Die Verbände regeln die religiösen und politischen Anliegen und Interessen der in ihr zusammengeschlossenen Muslime. Sie sind zentrale Ansprech- und Verhandlungspartner der Politik. Ihre bedeutende Rolle als sozial- und integrationspolitische Akteure wird zunehmend anerkannt.[42] Nach wie vor aber ist die Situation der Verbände durch knappe finanzielle und personelle Ausstattung gekennzeichnet. Damit sie ihre Rolle als Vertreter der Interessen von Muslimen und als Mitgestalter der Gesellschaft erfüllen können, sind die Ansprüche an Expertise, Professionalität, Transparenz und Dialogbereitschaft in den letzten Jahren stark gestiegen. Die erkannten Defizite, die das politische Gewicht der Verbände nach wie vor begrenzen, sind sicher nicht nur in den Verbänden selbst, sondern auch in der Politik zu suchen, deren Umgang mit den Verbänden bisweilen durch eingeschränktes Kooperationsinteresse sowie durch mangelnde Unterstützung gekennzeichnet ist.[43]

In den Verbänden sind viele Vereine zusammengeschlossen, durch die die Gemeinden üblicherweise auf kommunaler Ebene organisiert sind. Um als solcher anerkannt zu werden, bedarf es eines gemeinnützigen Status, den die meisten antragstellenden Gemeinden erhalten haben. Als eingetragene Vereine können die Gemeinden u.a. Mitgliedsbeiträge erheben und Spenden verwalten.[44] Sie stehen zumeist in Abhängigkeit von einem zentralen Verband. Laut einer Studie von 2009 sind jedoch lediglich 20 Prozent der Muslime Mitglieder religiöser Vereine oder Gemeinden. Dagegen gehören ca. 52 Prozent einem, so im Wortlaut der Studie, deutschen Verein an.[45]

In politischen Strukturen (Parlament, Gremien) sind Muslime (vergleichbar mit anderen Minderheiten mit Migrationshintergrund) bundesweit nur schwach repräsentiert.[46] Ihre schwache Vernetzung und ihr geringer politischer Einfluss sind ein integrationspolitisches Problem. Nur 45 Prozent der Muslime in Deutschland verfügen über die deutsche Staatsbürgerschaft und das damit verbundene passive und aktive Wahlrecht.[47] Um die institutionelle und gesellschaftliche Beteiligung der Muslime zu fördern, wurde 2006 als höchstes Forum des Dialogs von der Bundesregierung die »Deutsche Islam Konferenz« (DIK) als eine gesamtstaatliche Einrichtung des Dialogs zwischen Vertretern des Bundes, der Länder und Kommunen sowie Muslimen ins Leben gerufen.

Die Integration von Menschen, die zugewandert sind und sich in einer Außenseiterposition zur Gesellschaft befinden, hat strukturelle, soziale und kulturelle Dimensionen.[48] Strukturelle Integration bedeutet etwa, Zugang zu Wohnung, Arbeitsmarkt, Wirtschaft, Ausbildung und Gesundheitsversorgung zu haben. Auf sozialer Ebene geht sie mit Zugehörigkeit, Mitgliedschaft und Teilhabe einher und manifestiert sich in Beziehungen zwischen Migranten und der ansässigen Bevölkerung. Kulturelle Integration bedeutet Erwerb sozialer Kompetenzen, die auch die Veränderung von Werten und Verhaltensweisen mit sich bringen kann.

Politisch ist die Integration von Menschen, die zugewandert sind und sich in einer Außenseiterposition zur Mehrheitsgesellschaft befinden, in einem äußerst komplexen System geregelt. Die Gesetzgebungskompetenz des Bundes, der die Rahmenbedingungen für Zuwanderung und Integration setzt und gestaltet, wird durch die Zuständigkeit der Länder z.B. in den Bereichen Kultur und Bildung ergänzt.[49] So wurde als eingliedernde Maßnahme von einigen westdeutschen Bundesländern ein bekenntnisorientierter islamischer Religionsunterricht eingeführt.

In Sachsen gibt es unserer Recherche nach keine Landtagsabgeordneten oder parlamentarischen Berater, keine Land-, Kreis- oder Stadträte und keine Bürgermeister mit einem muslimischen Glaubenshintergrund. Für die Fraktionen im Landtag liegen keine offiziellen Angaben vor. Seit 2014 gibt es im Freistaat Sachsen eine Staatsministerin für Gleichstellung und Integration beim Sächsischen Staatsministerium für Soziales und Verbraucherschutz, welches sich mit »Gleichstellungspolitik, insbesondere der Verbesserung der Chancengleichheit von Frauen und Männern auf dem Arbeitsmarkt sowie der Integration nach Zuwanderung« befasst. Der Sächsische Ausländerbeauftragte wird vom Landtag aus den Reihen der Abgeordneten gewählt. Er ist unabhängig und beim Landtag angesiedelt, um die Belange der im Freistaat Sachsen lebenden Ausländer und Zuwanderer zu sichern. Der Sächsische Ausländerbeauftragte initiierte u.a. das Netzwerk für Integration und Migration Sachsen. Er unterstützt mehrere überregional bestehende sächsische Netzwerke mit dem Arbeitsschwerpunkt Integration und Migration, wie z.B. den Sächsischen Flüchtlingsrat e.V. und den Sächsischen Migrantenbeirat.[50]

Bei den Kommunen hingegen liegt die Verantwortung für eine Vielzahl von integrationspolitischen Maßnahmen und Handlungsfeldern – dazu zählen Arbeitsmarktintegration, Jugend- und Sozialarbeit, Rechtsberatung, Wohnen, Kulturförderung und etliches mehr.[51] Auf kommunaler Ebene wurde auch eine alternative Form der Interessenvertretung durch Ausländer- und Migrantenbeiräte geschaffen, wodurch Migranten Mitsprache in kommunalen Entscheidungsprozessen erhalten sollen. Ausländerbeiräte, die sich als kommunale politische Gremien zur Interessenvertretung von Menschen mit Migrationshintergrund verstehen, gibt es in Dresden, Leipzig, Chemnitz und Zittau. Sie haben jeweils mehrere muslimische Mitglieder (Stand August 2015). Insgesamt arbeiten 19 kommunale Ausländer- und Integrationsbeauftragte der Städte und Landkreise in Sachsen.[52] Eine entscheidende Rolle für die Integration, Beratung und Betreuung von Migranten übernehmen jedoch oftmals nichtstaatliche Träger wie Wohlfahrtsverbände und Vereine wie der Flüchtlingsrat Leipzig e.V. Die Muslime Deutschlands sind aber bisher mit keinem Verband in der Liga der freien Wohlfahrtspflege vertreten.[53]

Islam als Integrationsbarriere?

In Deutschland werden die fehlende öffentlich-rechtliche Anerkennung des Islams und die schwach ausgeprägte politische Partizipation von Muslimen durch deren geringe soziale und kulturelle Akzeptanz und Teilhabe verstärkt. Es ist somit wenig erstaunlich, dass die Religionsgemeinschaft der Muslime in der Integrationsdebatte in Deutschland eine große Rolle spielt.[54] Das negative Image des Islams und der Muslime ist nicht zuletzt durch angenommene Wertekonflikte mit der Scharia, dem System der islamischen Normen und des Religionsrechts, bedingt: »Der Islam« wird gerne als Integrationsbarriere betrachtet. Islamrechtliche Vorschriften, z. B. auf dem Gebiet der Religionsausübung, erweisen sich jedoch meist nicht im Widerspruch zum deutschen Recht (siehe Beitrag von H.-G. Ebert), sodass sich Lösungen auf lokaler, institutioneller oder individueller Ebene finden lassen (siehe Beiträge von M. Zabel; J. Burr / L. Stenske).

Dennoch werden Muslime als eine besonders problematische Gruppe erachtet, welche die Integration ganz oder teilweise ablehnt. Dabei wird insbesondere auf eine vermeintlich einheitliche, diskriminierende islamische Geschlechterordnung und die daraus resultierenden Vorschriften und autoritären Verhaltensweisen muslimischer Männer gegenüber Frauen verwiesen. Tatsächlich zeigt die Studie »Muslimisches Leben in Deutschland«, dass Musliminnen hierzulande strukturell und sozial gegenüber Muslimen benachteiligt sind. Ihre Teilhabe am religiösen Leben, aber auch in zentralen Bereichen wie Arbeitsmarkt und Vereinsleben ist eingeschränkt.[55] Da die Benachteiligung durch soziale und strukturelle Faktoren sowie durch Pauschalurteile und Klischees innerhalb der deutschen Gesellschaft weiter befördert wird (siehe Beitrag von A. Heerklotz), unterliegen viele Musliminnen jedoch auch seitens der Mehrheitsgesellschaft der Einschränkung ihrer Persönlichkeitsrechte und Würde. Gerne wird übersehen, dass immer mehr muslimische Frauen – oder Frauen aus muslimischen Familien – erfolgreich patriarchalische Strukturen und gesellschaftliche Benachteiligung und Diskriminierung überwunden haben und dank Bildungs- und Berufsabschlüssen ihr Leben selbstbestimmt gestalten. Berufliches, soziales, politisches und künstlerisches Engagement muslimischer Frauen entfaltet auch in Sachsen seine Wirkung.[56] Ebenso ist der häufig geäußerte Vorwurf zum heiklen Verhältnis von Islam und Säkularismus nicht immer von der Hand zu weisen. Es gilt jedoch darauf hinzuweisen, dass er sich nicht verallgemeinern lässt, denn er trifft auf die Mehrheit der deutschen Muslime nicht zu: Muslime zeigen einer aktuellen Studie zufolge unabhängig von der Intensität ihres Glaubens eine hohe Verbundenheit mit Staat und Gesellschaft und äußern eine hohe Zustimmung zu den gesellschaftlichen Grundwerten.[57] Sie befürworten mehrheitlich die pluralistische Gesellschaft, in der die Zugehörigkeit zum Islam eine Möglichkeit unter vielen ist.[58] Religiöser Glaube ist bekanntlich ein starker Faktor der Identität und Selbstbehauptung in der Migration.[59] Muslime in Deutschland haben sich jedoch als religiöse Minderheit in hohem Maße der Reflexion ihres Glaubens geöffnet.[60] Dies steht in einem starken Kontrast zur bekanntlich (und wie in der Einleitung dieses Buches dargelegt) zunehmend abwertenden Haltung der gesellschaftlichen Mehrheit, die dort am größten ist, wo am wenigsten Muslime leben.[61]

Im 6. Jahrzehnt nach Beginn der Arbeitsmigration sind Muslime längst viel stärker durch die deutsche Aufnahmegesellschaft als durch ihre Herkunftskultur geprägt.[62] Ihr Anspruch, verantwortungstragende und mitgestaltende Kräfte von Gesellschaft und Kultur zu sein, ist deutlich vernehmbar.[63] Die wichtige Rolle von Muslimen als Gesprächs- und Kooperationspartner (siehe Beitrag von S. Liesche) wurde längst erkannt und ihre Teilhabe ist in vielen öffentlichen Bereichen selbstverständlich.

Die Beiträge in diesem Buch geben Einblicke in die Erfahrungen und Lebenswelten von Muslimen in diesem Bundesland. Zugleich zeigen sie, wie prekär die Situation hier für sie sein kann und wie verschiedene Formen und Aspekte von Integration, Diskriminierung, Ausgrenzung ihren religiösen, beruflichen und familiären Alltag prägen. Sie geben auch einen Eindruck davon, was als positiv empfunden wird und in welchen Kontexten Akzeptanz, Toleranz und Gleichheit erfahren werden. Die Beiträge zeigen wie unterschiedlich und vielfältig Identitäten und Lebenswelten von Muslimen in Sachsen sind, die bei Weitem nicht nur durch die Religion geprägt sind, sondern ebenso durch ihre Nationalität, ihre Migrationsbiografie, ihren sozialen Status und ihr gesellschaftliches Umfeld. Zahlreiche Beispiele erfolgreicher Integration von Muslimen in Sachsen, also sächsischen Muslimen, zeigen Potenziale des Zusammenlebens. Dennoch, in einem Bundesland, in dem Muslime eine kleine Minderheit sind, ist noch viel Integrations- und Aufklärungsarbeit zu leisten.

Im Zuge der Formierung der PEGIDA-Bewegung und ausgreifender fremdenfeindlicher und rassistischer Agitation droht sich die Ausgrenzung von Muslimen und Menschen aus der islamischen Welt weiter zu verstärken. In Sachsen wie anderswo hat sich indessen eine Zivilgesellschaft gezeigt, die sich für Integration und eine plurale, weltoffene Gesellschaft einsetzt. Es bleibt zu erwarten, dass sie in der Arbeit der politischen Vertreter dieses Bundeslandes endlich Resonanz und Verstärkung erfährt.

1 PEGIDA, die »Patriotischen Europäer gegen die Islamisierung des Abendlandes«, ist eine Organisation, die in Dresden seit Oktober 2014 durch nahezu wöchentliche Demonstrationen gegen eine vermeintliche Islamisierung aktiv ist. In zahlreichen anderen deutschen Städten folgten ähnliche Initiativen wie LEGIDA in Leipzig, zugleich entstanden aktive Gegenbewegungen.
2 Bade, Klaus / Oltmer, Jochen: Migration, Ausländerbeschäftigung und Asylpolitik in der DDR (2005), bpb (Hg.), bpb.de/56368 (10.08.2015).
3 Van der Heyden, Ulrich: *Zu den Hintergründen und dem Verlauf des Einsatzes mosambikanischer Vertragsarbeiter in der DDR-Wirtschaft*. In: Van der Heyden, Ulrich / Semmler, Wolfgang / Straßburg, Ralf: Mosambikanische Vertragsarbeiter in der DDR-Wirtschaft. Hintergründe – Verlauf – Folgen. Berlin u.a. 2014, S. 50.
4 Motte, Jan / Ohliger, Rainer / von Oswald, Anne (Hg.): 50 Jahre Bundesrepublik, 50 Jahre Einwanderung. Nachkriegsgeschichte als Migrationsgeschichte. Frankfurt a. Main u.a. 1999, S. 26.
5 Poutrus, Patrice G.: *»Teure Genossen«. Die »politischen Emigranten« als »Fremde« im Alltag der DDR-Gesellschaft*. In: Müller, Christian Th. / Poutrus, Patrice G. (Hg.): Ankunft – Alltag – Ausreise. Migration und interkulturelle Begegnung in der DDR-Gesellschaft. Köln u.a. 2005, S. 241 f.
6 Ebd., S. 248.
7 Zitiert nach Bator, Angelika / Bator, Wolfgang: Die DDR und die arabischen Staaten. Dokumente 1956–1982. Berlin 1984, S. 242.
8 Wentker, Hermann: Außenpolitik in engen Grenzen. Die DDR im internationalen System 1949–1989. München 2007, S. 471.
9 Gruner-Domić, Sandra: *Beschäftigung statt Ausbildung. Ausländische Arbeiter und Arbeiterinnen in der DDR (1961–1989)*. In: Motte, Jan u.a. (Hg.): 50 Jahre Bundesrepublik. 50 Jahre Einwanderung. Nachkriegsgeschichte als Migrationsgeschichte. Frankfurt a. Main / New York 1999, S. 216.
10 Stach, Andrzej / Hussain, Saleh: Ausländer in der DDR. Ein Rückblick. 4. Aufl., Berlin 1994, S. 7.
11 Spanger, Hans-Joachim / Brock, Lothar: Die beiden deutschen Staaten in der Dritten Welt: Die Entwicklungspolitik der DDR – Eine Herausforderung für die Bundesrepublik Deutschland? Opladen 1987, S. 212.
12 Reukauff, Wolfgang: Analyse des Einsatzes ausländischer Werktätiger. Bericht des Staatssekretariats für Arbeit und Löhne. O.O. 1977, S. 6, zitiert nach Zwengel, Almut: *Algerische Vertragsarbeiter in der DDR. Doppelter Sozialstatus, späte Adoleszenz und Protest*. In: Dies. (Hg): Die »Gastarbeiter« der DDR: politischer Kontext und Lebenswelt. Berlin 2011, S. 94.
13 Stach / Hussain: Ausländer in der DDR, S. 18.
14 Bade / Oltmer: Migration, Ausländerbeschäftigung und Asylpolitik in der DDR.
15 Stach / Hussain: Ausländer in der DDR, S. 9, Tab. 4.
16 Kindelberger, Hala / Kindelberger, Kilian: Herausforderung Integration. Thesen zur Migration und Integration von Zuwanderern im Land Brandenburg. Potsdam 2007, S. 7 f.
17 Ebd., S. 8.
18 Heine, Peter: Einführung in die Islamwissenschaft. Berlin 2009, S. 133.
19 Rühl, Stefan / Lederer, Harald W.: Migrationsbericht 2001 der Ausländerbeauftragten im Auftrag der Bundesregierung. Berlin 2001, S. 11, 49 ff., 86.
20 Statistisches Landesamt des Freistaates Sachsen, Kamen 2015 (auf Anfrage).
21 Sachverständigenrat deutscher Stiftungen für Integration und Migration: Integration von Zuwanderern im Freistaat Sachsen – Situationsbeschreibung und Empfehlungen zur Weiterentwicklung der Integrationsmaßnahmen im Rahmen der Umsetzung des Sächsischen Zuwanderungs- und Integrationskonzeptes (ZIK). Studie im Auftrag des SMS. Berlin 2014, S. 207.
22 Sächsische Staatskanzlei (Hg.): Asylbewerber und Flüchtlinge im Freistaat Sachsen. Fakten und Hintergrundinformation. Dresden 2015, S. 5 f. Zur politischenRolle vor allem des Westens im Nahen und Mittleren Osten siehe Lüders, Michael: Wer den Wind sät... Was westliche Politik im Orient anrichtet. München 2015.
23 Puppe, Matthias: *Angst vor Islam und Überfremdung: Faktencheck zur Lage in Leipzig und Sachsen*. In: LVZ, 04.03.2015.
24 Stadt Leipzig, Referat für Migration und Inte-

gration (Hg.): Daten und Fakten zur Präsenz von Musliminnen und Muslimen in Leipzig, zu Grundsätzen der Religionsausübung und zum interreligiösen Dialog (2014) leipzig.de/news/news/daten-und-fakten-zu-muslimen-in-leipzig/ (16.10.2015), S. 1.

25 Statistiken der vier Universitäten vom Wintersemester 2014/15, auf Anfrage vom International Office der Uni Chemnitz, dem Dezernat »Akademische Angelegenheiten, Planung und Controlling« der TU Dresden, dem Dezernat Haushalt (Controlling) der TU Bergakademie Freiberg und dem Studentensekretariat Leipzig erhalten. Nicht mit berücksichtigt sind hier die Fach-, Kunst- und Musikhochschulen.

26 Haug, Sonja / Stichs, Anja: *Muslimisches Leben in Deutschland – Zahl der Muslime, Arbeitsmarktintegration, Soziale Integration*. In: Rohe, Mathias (Hg.): HCI, Bd. 1, Freiburg / Breisgau 2014, S. 79.

27 Z. B. Bertelsmann Stiftung (Hg.): Religionsmonitor. Sonderauswertung Islam 2015. Gütersloh 2015, S. 3.

28 Haug / Stichs: *Muslimisches Leben in Deutschland*, S. 80. Entspricht: MLD, S. 107. (Tabelle 11). Verteilung auf die Bundesländer in Prozent; neue Bundesländer insgesamt: 1,6 % (ebd.).

29 Haug/Stichs: *Muslimisches Leben in Deutschland*, S. 83.

30 Haug / Stichs: *Muslimisches Leben in Deutschland*, S. 77 ff. Die großangelegte quantitative Studie »Muslimisches Leben in Deutschland« (MLD) vom Forschungszentrum des Bundesamts für Migration und Flüchtlinge im Auftrag der Deutschen Islam Konferenz von 2008 zielte erstmals darauf ab, die Zahl der Muslime festzustellen und muslimisches Leben aus vielfältigen Perspektiven näher zu erforschen.

31 Haug / Stichs: *Muslimisches Leben in Deutschland*, S. 78 f.

32 2013 ging das Islam-Archiv in Soest von 40 000 Konvertiten in Deutschland aus. Vgl. Maroldt, Kristina: *Islamischer Aufbruch: Jetzt fängt ein neues Leben an*. In: Spiegel Online, 07.05.2013, spiegel.de/spiegelwissen/a-898624.html (13.09.2015).

33 Stadt Leipzig, Referat für Migration und Integration: Daten und Fakten, S. 1.

34 religion vor ort. Religionswissenschaftliche Geoinformation: Sachsen. Islam: Ahmadiyya – Schiiten – Sunniten. 2012, religion-vor-ort.de/religion.php?religion_id=3&bundesland=Sachsen (13.09.2015). Für Zwickau siehe Intertimer GmbH (Hg.): Handelsregisterauszug Online, 2015, handelregister.de (16.10.2015). Für Freiberg siehe Moschee-Suche Informationsdienst, 2013 moscheesuche.de/moschee/Freiberg/Moschee_Freiberg/13627 (13.09.2015).

35 Siehe izdresden.de (16.08.2015).

36 Haug / Stichs: *Muslimisches Leben in Deutschland*, S. 82.

37 Sächsisches Staatsministerium des Innern und Landesamt für Verfassungsschutz Sachsen (Hg.): Verfassungsschutzbericht 2014. Dresden 2015, S. 195–199.

38 Siehe auch Rohe, Mathias: *Scharia und Deutsches Recht*. In: Rohe, Mathias u. a. (Hg.): HCI, Bd. 1, Freiburg i. Breisgau 2014, S. 272–303.

39 Vgl. ebd., S. 272 f.

40 Zur Funktion und zum Funktionswandel der Vereine siehe Tan, Dursun: *Muslime als Träger sozialer Verantwortung*. In: Rohe, Mathias u. a. (Hg.). HCI, Bd. 2, Freiburg / Breisgau 2014, S. 664–679.

41 Ebd., S. 669 f.

42 Ebd., S. 674–677.

43 Vgl. Aumüller, Jutta: *Islam und Politik – Akteure, Themen, Handlungsfelder*. In: Rohe, Mathias u. a. (Hg.): HCI, Bd. 2, Freiburg i. Breisgau 2014, S. 783 ff.

44 Spuler-Stegemann, Ursula: Muslime in Deutschland. Nebeneinander oder Miteinander? Freiburg i. Breisgau u. a. 1998, S. 101 f.

45 MLD, S. 14, 256.

46 Aumüller: *Islam und Politik*, S. 781 f.

47 Ebd., S. 782.

48 Angelehnt an Friedrich Heckmann: Integration von Migranten. Einwanderung und neue Nationenbildung. Wiesbaden 2014.

49 Aumüller: *Islam und Politik*, S. 772 f.

50 Sachverständigenrat: Integration von Zuwanderern im Freistaat Sachsen, S. 120 ff.

51 Aumüller: *Islam und Politik*, S. 772 f.

52 Sächsisches Staatsministerium für Soziales und Verbraucherschutz – Referat Presse- und Öffentlichkeitsarbeit (Hg.): Respekt, Toleranz, Achtung.

Sächsisches Zuwanderungs- und Integrationskonzept. Dresden 2012, S. 38 f.

53 Information zum X. Zukunftsforum Islam zum Thema »Islamische Wohlfahrtspflege in der Diskussion«, eine Initiative der BPB, Brühl, 18.–20.09.2015.

54 Haug / Stichs: *Muslimisches Leben in Deutschland*, S. 72.

55 Ebd., S. 114.

56 Siehe auch das Kapitel »Musliminnen in Deutschland«. In: Schneider, Irene: Der Islam und die Frauen. München 2011, S. 229–257.

57 Religionsmonitor, S. 4 f. Die Auswertung zum Thema Islam in Deutschland basiert auf den Daten des Religionsmonitors sowie einer Umfrage des Emnid-Instituts im Auftrag der Bertelsmann Stiftung: In einer differenzierten Analyse wurde die Religiosität von Muslimen in Deutschland und der Türkei verglichen und mit Daten zur Wahrnehmung des Islams in Deutschland aus dem Religionsmonitor 2012 und der Emnid-Umfrage von 2014 kombiniert (Ebd., S. 2).

58 Vgl. ebd., S. 5.

59 Tan: *Muslime als Träger sozialer Verantwortung*, S. 668.

60 Religionsmonitor, S. 5.

61 Vgl. ebd., S. 7.

62 Vgl. Tan: *Muslime als Träger sozialer Verantwortung*, S. 672.

63 Ebd. Vgl. Aumüller: *Islam und Politik*, S. 790.

Holger Schuckelt

Historische und kulturelle Beziehungen Sachsens zum Vorderen Orient

Sachsens Kontakte zu den Menschen, Kulturen und Staaten des Vorderen Orients blicken auf eine jahrhundertealte Geschichte zurück.[1] Schon immer gab es dabei Konflikte und mit Gewalt verbundene Zusammenstöße auf der einen, aber auch friedliche Begegnungen, gegenseitiges Interesse und Toleranz auf der anderen Seite. Am Anfang dieses wechselhaften sächsisch-orientalischen Austauschs standen die Kreuzzüge, insbesondere der Kreuzzug Kaiser Friedrichs II. (1194–1250). Hauptziel war das immer wieder den Besitzer wechselnde Jerusalem, welches erstmals 1099 durch die Kreuzritter erobert wurde, die dabei einen Großteil der Bevölkerung der Stadt, Muslime, Juden und Christen, niedermachten. Bis heute hat sich dieses furchtbare Ereignis in das kollektive Gedächtnis vieler Muslime eingebrannt.

Friedrich II. hatte sich 1215 anlässlich seiner Krönung zum römisch-deutschen König in Aachen verpflichtet, Jerusalem im Zeichen des Kreuzes von den Ayyubiden zurückzuerobern. Zunächst zog allerdings an seiner Stelle Herzog Albrecht I. von Sachsen-Wittenberg (1175–1261) mit seinen Truppen nach Ägypten, wo er 1218 an der Eroberung von Damiette beteiligt war. An der Seite Kaiser Friedrichs II. reiste Albrecht I. zehn Jahre später erneut in den Orient, wo sie am 18. Februar 1229 ohne weitere Kampfhandlungen den Frieden von Jaffa schlossen. Im Zuge dessen erhielten die Christen Jerusalem, Bethlehem und Nazareth, während die Muslime im Besitz des Jerusalemer Tempelbergs mit der Al-Aksa-Moschee und dem Felsendom blieben. Doch der Frieden hielt nicht lange und Jerusalem wurde 1244 von den Ayyubiden zurückerobert.

Die sächsische Beteiligung an den Kreuzzügen dürfte kaum zum Allgemeinwissen gehören, was wohl auch für die Pilgerreisen sächsischer Herzöge gilt. Von Weimar oder Dresden aus reiste man auf unterschiedlichen Wegen nach Venedig und folgte von dort der damals üblichen Reiseroute nach Palästina, welche per Schiff über Korfu, Kreta, Rhodos und Zypern nach Jaffa führte. Auf dem Landweg ging es dann weiter über Ramla nach Jerusalem. Insgesamt vier Kurfürsten bzw. Herzöge von Sachsen begaben sich in der zweiten Hälfte des 15. Jahrhunderts ins Heilige Land. Den Anfang machte 1461 Wilhelm III., der Tapfere, Herzog von Sachsen und Landgraf von Thüringen, gefolgt 1476 von Albrecht dem Beherzten, Herzog von Sachsen und Gubernator von Friesland. 1493 pilgerte sogar der Kurfürst von Sachsen, Friedrich III., der Weise, nach Jerusalem, den ein umfangreicher Hofstaat von etwa 100 Personen und der Maler Lucas Cranach d. Ä. begleiteten. Friedrich wurde in Jerusalem zum Ritter vom Heiligen Grab geschlagen und brachte zahlreiche Reliquien mit nach Hause. Schließlich folgte dem Kurfürsten fünf Jahre später einer seiner Vettern, Herzog Heinrich der Fromme von Sachsen, nach Jerusalem.[2] Ein noch immer sichtbares Zeugnis derartiger Pilgerreisen ist die zwischen 1481 und 1504 errichtete Anlage des »Heiligen Grabes« im heute zu Sachsen gehörenden Görlitz. Diese von Georg Emmerich, dem Bürgermeister der Stadt, im Ergebnis seiner eigenen Pilgerreise nach Jerusalem initiierte und wesentlich von ihm finanzierte Nachbildung von Teilen der Jerusalemer Grabeskirche bestand aus einem spätgotischen Landschaftsgarten mit der doppelgeschossigen Heilig-Kreuz-Kapelle (Adamskapelle und darüber liegende Golgathakapelle), dem Salbhaus und der eigentlichen Grabkapelle.

Kontakte Sachsens zu den Reichen des Vorderen Orients gab es auch auf diplomatischem Gebiet. Die ersten orientalischen Gesandtschaften, die in Dresden Aufsehen erregten, kamen im Auftrag von Schah Abbas I. aus Persien und befanden sich auf ihrem Weg nach Prag zu Kaiser Rudolf II. (1576–1612), der Verbündete für den Krieg gegen die Osmanen suchte. Anfang Oktober 1600 war eine Delegation des Schahs unter Leitung des Persers Husain Ali Beg und des Engländers Sir Anthony Sherley in Leipzig eingetroffen und setzte ihre Reise über Dresden nach Prag fort. Zwei weitere Abordnungen folgten, von denen zumindest die letzte aus Prag kommend durch Sachsen reiste und am 26. Oktober 1605 in Dresden empfangen wurde.[3] Trotz aller militärischen Konflikte unterhielt Kursachsen auch diplomatische Beziehungen zu den Osmanen. So weilte der kurfürstlich-sächsische Rat und Hauptmann zu Colditz Heinrich von Bünau auf Treben 1574 in Istanbul, und während der Regierungszeiten Augusts des Starken (Kurfürst Friedrich August I. von Sachsen 1694–1733, seit 1697 König August II. von Polen) und seines Sohnes (Kurfürst Friedrich August II. von Sachsen und König August III. von Polen 1733–1763) tauschte man mehrfach Gesandtschaften mit dem Sultan aus. Fester Bestandteil dieser Kontaktpflege waren gegenseitige Geschenke, wie sie auch in der Türckischen Cammer[4] im Dresdner Residenzschloss zu finden sind.

Beispiele von friedlichen Kontakten Sachsens zu den Osmanen ließen sich noch mehr anführen. Dennoch ist allgemein mehr über die Türkenkriege als über Diplomatie und Handel bekannt. Durchaus nachvollziehbar ist daher, dass die Einnahme Konstantinopels durch

Sultan Mehmed II. im Jahr 1453, die Eroberung weiter Teile des Balkans im 15. sowie frühen 16. Jahrhundert und die beiden vergeblichen Belagerungen Wiens 1529 und 1683 vielen ein Begriff sind. Anders als einige seiner unmittelbaren Vorgänger konzentrierte sich Sultan Süleyman I. (reg. 1520–1566) mit seinen militärischen Aktivitäten auf Europa. Doch selbst zu dieser Zeit sah man nicht nur die Bedrohung, die von den Osmanen ausging. Eine Mischung aus Furcht und Faszination bestimmte das Orientbild des 16. und 17. Jahrhunderts. Eine Schlüsselfigur für diese breit gefächerte Sichtweise war Sultan Süleyman I., dessen uneingeschränkte Macht während seiner langen Regierungszeit, die militärischen Erfolge seiner scheinbar unbesiegbaren Truppen und die Prachtentfaltung seines Hofes in Istanbul nachhaltigen Einfluss auf die Herrscher Europas ausübten. Trotz seiner zahlreichen Feldzüge und Flottenunternehmungen, die osmanische Truppen nach Nordafrika, Persien, durch fast ganz Südosteuropa bis vor die Tore Wiens sowie ans Rote Meer und an die indische Küste führten, betrachtete man Süleyman in Europa nicht als einen »barbarischen Zerstörer«. Christliche Gesandte, Handelsreisende und selbst aus Kriegsgefangenschaft zurückkehrende Augenzeugen lieferten Berichte, in denen auch deren Bewunderung über die Verhältnisse in Istanbul und vom Leben im Osmanischen Reich ablesbar ist.

Dies alles wurde zum Auslöser des europaweit verbreiteten Phänomens der Türkenmode, die in Sachsen eine ganz besondere Form annahm. Während man im übrigen Europa den Triumph – egal ob real oder imaginär – über den Glaubensfeind zelebrierte, indem man gefangene Türken oder auch türkisch gekleidete Hofbedienstete in Ketten gelegt zur Schau stellte, erlangten der Sultan und das Osmanische Reich in Sachsen quasi eine Vorbildfunktion. Mehrere Kurfürsten von Sachsen schlüpften in die Rolle des Sultans: reich ausstaffiert mit Turban, Kaftan sowie Säbel und auf prachtvollen Araberhengsten reitend. Selbst die Tatsache, dass man den Türken auch auf dem Schlachtfeld immer wieder gegenüberstand, änderte nichts daran. So ließ sich August der Starke am 9. Februar 1697, nur wenige Wochen nach seiner Rückkehr vom Feldzug gegen Sultan Mustafa II., nicht als ruhmreichen Helden und Bezwinger des Bösen feiern. Stattdessen ritt er als Sultan durch Dresden und erwies seinem ebenbürtigen Feind die Ehre.

Höhepunkt der Türkenmode in Sachsen waren 1719 die vierwöchigen Feierlichkeiten, die anlässlich der Hochzeit des Sohnes Augusts des Starken mit der Kaisertochter Maria Josepha ausgerichtet wurden. Das nach der Trauung in Wien per Schiff in der kursächsischen Residenz eintreffende Brautpaar wurde auf den Elbwiesen empfangen, wo man mehrere osmanische Prunkzelte aufgebaut hatte. August der Starke begrüßte seine Schwiegertochter als Sultan mit orientalisch gekleideten Wachsoldaten und Dienern sowie türkischer Musik. Ein Wachsfigurenkabinett zeigte den Sultan mit seinem Harem sowie hohe osmanische Würdenträger, und als Hochzeitsgeschenk erhielten die Brautleute das exotisch eingerichtete Türkische Palais.[5]

Für all diese Inszenierungen der Türkenmode gab es einen großen Bedarf an Requisiten. Nicht zuletzt aus diesem Grund entstanden an den Höfen des europäischen Hochadels »Türkensammlungen«. Während die meisten dieser Sammlungen aus Beutestücken der Türkenkriege des späten 17. Jahrhunderts bestanden, gehen die Wurzeln der Türckischen Cammer in Dresden schon auf das 16. Jahrhundert zurück. Bereits Kurfürst Moritz von Sachsen (reg. 1541/1547–1553) unternahm zwei Feldzüge gegen die Osmanen in Ungarn. Überliefert ist, dass er auch Beutestücke mit nach Dresden brachte. Was aus diesen wurde und ob sich im Bestand der Türckischen Cammer noch heute Reste davon befinden, ist unbekannt. Auch unter Kurfürst August von Sachsen (reg. 1553–1586) änderte sich das nicht grundlegend. Nur einzelne orientalische Stücke der Türckischen Cammer – alles Geschenke hochrangiger Persönlichkeiten – gehen nachweislich auf ihn zurück. Erst Kurfürst Christian I. von Sachsen (reg. 1586–1591) stellte schließlich die Weichen für das Entstehen der Türckischen Cammer. Wenige Wochen nach seinem Regierungsantritt gab er den Befehl zum Bau des Neuen Stalls (dem heutigen Johanneum) und schickte eine Gesandtschaft nach Italien, um die guten sächsisch-italienischen Beziehungen seines Vaters fortzusetzen. Der 1588 fertiggestellte und drei Jahre später eingeräumte Neue Stall wurde für knapp 150 Jahre die Heimat der Rüstkammer und damit auch der Türckischen Cammer. Die aus Italien mitgebrachten Geschenke orientalischer sowie orientalisierender Waffen bildeten den Grundstock dieser Sammlung, die sich seit 1591 als eigenständiger Teil der Rüstkammer belegen lässt. Wenig später waren deren Bestände bereits derart angewachsen, dass sie im Gesamtinventar der Rüstkammer von 1606 mehr als 100 Seiten einnahmen. Ein erstes eigenständiges Inventar der Türckischen Cammer entstand aber erst 1674. Insgesamt wurden sechs derartige Spezialinventare verfasst.

Die Türckische Cammer diente als Fundus für zahlreiche türkische Feste und Paraden am Dresdner und Warschauer Hof. Ihre Bestände wurden für Operninszenierungen herangezogen, wie z.B. für die im Jahr 1753 uraufgeführte Oper Solimano von Johann Adolf Hasse, oder öffentlich ausgestellt, so geschehen mit den Beutestücken vom Entsatz Wiens 1683, die Kurfürst Johann Georg III. von Sachsen (reg. 1680–1691) nach seiner Heimkehr hinter dem Dresdner Zeughaus, dem heutigen Albertinum, präsentieren ließ.

Gelegentlich wurden in den Inventaren – meist im Zusammenhang mit Geschenken – auch lebende Türken genannt. Insgesamt war die Zahl der Muslime, die im Zuge der Türkenkriege nach Sachsen gelangten, beachtlich. Auch wenn der überwiegende Teil von ihnen in keinen Quellen zu finden ist, lassen sich doch einzelne Personen oder Personengruppen belegen. So schenkte Kaiser Rudolf II. dem Kurfürsten Christian II. von Sachsen (reg. 1591–1611) fünf gefangene Türken und Tataren mit Pferden und kompletter Ausstattung.[6] Deren Gewänder, Waffen und Reitzeuge wurden in die Türckische Cammer gegeben und die Pferde fanden im kurfürstlichen Marstall eine neue Heimat. Was hingegen mit den Gefangenen geschah, ist nicht überliefert. Ähnlich verhält es sich mit den vier Türken, die König Jan III. Sobieski von Polen nach der am 12. September 1683 gewonnenen Entsatzschlacht von Wien dem Kurfürsten Johann Georg III. von Sachsen zusammen mit zwei reich aufgezäumten Pferden und zwei erbeuteten Fahnen präsentierte.[7] Viele der im späten 17. und in der ersten Hälfte des 18. Jahrhunderts nach Sachsen gekommenen türkischen Kriegsgefangenen wurden getauft und hatten in einigen Fällen sogar die Möglichkeit, Karriere zu machen. So gab es am kursächsischen Hof in Dresden das Amt des Kammertürken. Unklar ist, welcher Nationalität diese Hofbediensteten angehörten und ob es sich bei den überlieferten muslimischen Namen einiger Kammertürken um Amtsnamen handelte.[8] Gesichert ist hingegen, dass es unter August dem Starken einen realen Bedarf an Menschen aus dem Orient gab und dass er ehemalige Muslime an seinem Hof beschäftigte. So ist belegt, dass er in einem am 30. April 1713 in Warschau verfassten Einkaufsauftrag für den nach Istanbul geschickten Johann Georg Spiegel zwei dunkelhäutige, »gut aussehende« Araberkinder – einen Jungen und ein Mädchen – im Alter von 12 bis 14 Jahren, mehrere Eunuchen sowie Türken, Armenier oder Wallachen als Musiker für seine Janitscharenkapelle bestellte.[9] Überliefert ist auch, dass August der Starke bei den Hochzeitsfeierlichkeiten von 1719 durch vier »Hussiers« begleitet wurde, die gebürtige Türken waren.[10] Im Vergleich dazu erging es einem Tataren namens Zephyr, den Kurfürst Johann Georg II. von Sachsen noch vor seinem Regierungsantritt im Jahr 1656 geschenkt bekam, deutlich schlechter. Ihn steckte man in ein Gefängnis, wo er später auch starb.[11]

Naturgemäß würde man vermuten, dass die meisten der zur Zeit der Türkenkriege nach Sachsen gekommenen Muslime Männer waren, die als Soldaten im osmanischen Heer gedient hatten. Offenbar entspricht dies aber nicht der Realität. Bei den allein in Dresden zwischen 1682 und 1742 getauften 23 Türken und sieben »Mohren«, die vermutlich auch aus dem Osmanischen Reich stammten, handelte es sich um elf Frauen, zehn Männer und neun Kinder, über deren Herkunft und weiteres Schicksal leider nichts überliefert ist.[12]

Ganz anders sieht das bei einer gewissen Fatima aus, die wohl als die bekannteste Person muslimischer Abstammung im barocken Sachsen anzusehen ist. Als Dienerin der Maria Aurora von Königsmarck, die eine Mätresse Augusts des Starken war und deren Vornamen Fatima nach ihrer Taufe erhielt, kam sie an den Dresdner Hof. Vermutlich um 1700 wurde auch sie eine von Augusts Mätressen und schenkte ihm zwei Kinder: 1702 Friedrich August, den späteren Grafen Rutowski und Feldmarschall der sächsischen Armee, und 1706 Katharina, die spätere Gräfin Bielinski. Fatima wurde mit Johann Georg Spiegel verheiratet, hieß fortan Maria Aurora Spiegel und lebte mit ihrem Ehemann und den beiden unehelichen Kindern Augusts des Starken für mehrere Jahre in Lemberg (heute Lwiw, Ukraine). Fatima war nicht nur eine zum Christentum konvertierte Muslimin, türkische Mätresse Augusts des Starken und Mutter zweier seiner Kinder, sie war ebenso Übersetzerin und Dolmetscherin bei diplomatischen Verhandlungen mit den Gesandten Sultan Ahmeds III. und setzte die Tätigkeit ihres verstorbenen Mannes als Einkäufer exotischer Gegenstände fort. Auch nach 1715 finden sich Belege über die Aktivitäten Fatimas und ihre Existenz im Umfeld des Hofes, letztmalig im Zusammenhang mit der offiziellen Anerkennung der gemeinsamen Kinder durch August den Starken im Jahr 1724. Danach verlieren sich ihre Spuren im Dunkel der Geschichte.

Seit Jahrhunderten lebten und arbeiteten Muslime unterschiedlichster Herkunft in Sachsen. Über ihre alltäglichen Probleme und Sorgen ist kaum etwas bekannt. Vermutlich unterschieden sich diese aber nur wenig von denen heutiger Menschen. Der Alltag und die Herausforderungen von Muslimen im Sachsen der Gegenwart werden in den nun folgenden Beiträgen thematisiert.

Zum Weiterlesen

- Schuckelt, Holger (Hg.): Restauriert für die Zukunft. Osmanische Textilien aus der Rüstkammer Dresden (Ausstellungskatalog). Dresden / Berlin 2006.
- Staatliche Kunstsammlungen Dresden (Hg.): Im Lichte des Halbmonds. Das Abendland und der türkische Orient (Ausstellungskatalog). Dresden / Leipzig 1995.

1 Der Name »Sachsen« haftete ursprünglich an Territorien im nordwestdeutschen Raum, die im 10. Jahrhundert bis Magdeburg und Merseburg reichten und als »Stammesherzogtum Sachsen« bezeichnet wurden. 1180 belehnte Kaiser Friedrich Barbarossa die Askanier mit dem Herzogtum Sachsen, aus dem später durch Erbteilung die Herzogtümer Sachsen-Wittenberg und Sachsen-Lauenburg entstanden. Das Kerngebiet des heutigen Freistaates Sachsen zählte seit dem 10. Jahrhundert zur Markgrafschaft Meißen und stand seit Ende des 11. Jahrhunderts dauerhaft unter der Herrschaft der Wettiner. Nach dem Erlöschen der sächsisch-wittenbergischen Linie der Askanier gingen das Herzogtum und die sächsische Kurwürde 1423 an Markgraf Friedrich den Streitbaren aus der meißnischen Linie der Wettiner über, die fortan den Titel eines Herzogs und Kurfürsten von Sachsen führten. Bis 1806 war die sächsische Kurwürde an Wittenberg gebunden.

2 Zu den Pilgerreisen sächsischer Herzöge: Paravicini, Werner (Hg.): Europäische Reiseberichte des späten Mittelalters. Eine analytische Bibliographie. Teil 1: Deutsche Reiseberichte (bearbeitet von Christian Halm). Frankfurt a. Main, u. a. 1994, S. 136–140, 177–181, 244–247 und 288–290.

3 Kappel, Jutta: *Die Türkennot des Kaisers. Zu einigen Aspekten der Darstellung des Türkenkrieges (1593–1606) in der Hofkunst Rudolfs II.* In: Staatliche Kunstsammlungen Dresden (Hg.): Im Lichte des Halbmonds. Das Abendland und der türkische Orient (Ausstellungskatalog). Dresden / Leipzig 1995, S. 125–133.

4 Schuckelt, Holger: Die Türckische Cammer – Sammlung Orientalischer Kunst in der kurfürstlich-sächsischen Rüstkammer Dresden (Ausstellungskatalog). Dresden 2010.

5 Mikosch, Elisabeth: *Ein Serail für die Hochzeit des Prinzen. Turquerien bei den Hochzeitsfeierlichkeiten in Dresden im Jahre 1719.* In: Staatliche Kunstsammlungen Dresden (Hg.): Im Lichte des Halbmonds. Das Abendland und der türkische Orient (Ausstellungskatalog). Dresden / Leipzig 1995, S. 235–243.
6 Schuckelt, Holger: *Ein kaiserliches Geschenk an Kurfürst Christian II. von Sachsen im Jahr 1602. Zur Dresdener Türkenkammer.* In: Dresdener Kunstblätter, 2/2002, S. 67–74.
7 Zeller, Joachim (Hg.): Jan Sobieski. Briefe an die Königin. Feldzug und Entsatz von Wien 1683. Berlin 1981, S. 43.
8 So könnte es sich bei dem im Inventar der Türckischen Cammer von 1683 (S. 34, Nr. 49) erwähnten Kammertürken »Solimannen« entweder um einen echten Türken oder aber um einen sächsischen Bediensteten mit turkisierendem Namen handeln. Andererseits enthalten verschiedene Jahrgänge des sächsischen Hofkalenders ausschließlich nichtmuslimische Namen von Kammertürken. Doch auch hier sind zwei Erklärungen denkbar: Entweder waren diese Kammertürken bereits getaufte Muslime mit ihren neuen, christlichen Namen oder es waren gebürtige Christen.
9 Vgl. Sächsisches Hauptstaatsarchiv Dresden, Loc. 3584, Des General-Accisraths Johann Georg Spiegel Correspondenz mit verschiedenen Personen, Mémoire Donné de la Majesté le Roy de Pologne à Son Conseiller Spiegel (ohne Seitenangabe). Ob von diesen bestellten Personen tatsächlich jemand nach Warschau oder Dresden gelangte, ist nicht überliefert.
10 Vgl. Mikosch, Elisabeth: *Ein Serail für die Hochzeit des Prinzen. Turquerien bei den Hochzeitsfeierlichkeiten in Dresden im Jahre 1719*, S. 236, und Schuckelt, Holger: *»Folget Das Türckische Serail«. Das Wachsfigurenkabinett Augusts des Starken, Kammertürken und Türkenkammer am Dresdner Hof.* In: Claudia Schnitzer / Petra Hölscher (Hg.): Eine gute Figur machen. Kostüm und Fest am Dresdner Hof (Ausstellungskatalog). Dresden 2000, S. 82.
11 Vgl. Inventar der Türckischen Cammer von 1674, S. 136.
12 Vgl. Miscellanea Saxonica: darinnen allerhand Zur Sächsischen Historie behörige Urkunden, Privilegia Geschlechtsuntersuchungen, ungedruckte Chroniken, Statuten und Lebensbeschreibungen mitgetheilet werden, Teil 2. Dresden 1768, S. 21 f.

Hans-Georg Ebert

Islamisches Recht vs. deutsches Recht?

Rechtliche Herausforderungen und Erwartungen

Die Einwanderung von Muslimen nach Deutschland macht auch um den Freistaat Sachsen keinen Bogen. Abgesehen von Leipzig mit einer nennenswerten muslimischen Bevölkerung ist die Zahl der Muslime in Sachsen bislang gering. Das wird sich ändern. Damit ändert sich aber auch die Rolle der Muslime in der gesellschaftlichen Mitwirkung und Wahrnehmung. Dass sich infolge einer solchen Lagebeschreibung Ängste und Vorurteile seitens der bislang ansässigen Bevölkerung breitmachen können, liegt auf der Hand und verwundert nur denjenigen, der fernab der Realität eine verklärte oder einseitige Sicht auf die vor sich gehenden Prozesse hat. Die Auseinandersetzungen um den Umgang mit Muslimen in Sachsen spiegeln sich auch in Aussagen von Politikern wider. Der Ministerpräsident des Freistaates Sachsen erklärte Anfang 2015 mit Blick auf die PEGIDA-Demonstrationen in Dresden: »Muslime sind in Deutschland willkommen und können ihre Religion ausüben. Das bedeutet aber nicht, dass der Islam zu Sachsen gehört.«[1] Aus einer Vielzahl von damit im Zusammenhang stehenden Fragen konzentriert sich dieser Aufsatz auf die rechtlichen Herausforderungen und Erwartungen sowohl der zu »uns« kommenden und in vielen Fällen dauerhaft bleibenden Muslime als auch der sächsischen Bevölkerung, deren religiöses Verständnis eher gering ausgeprägt ist.

1. Scharia und deutsche Rechtsordnung

Muslime – wenn sie sich als solche begreifen – sehen sich selbst mit der Frage konfrontiert, ob die Scharia (*šarī'a*), die oft verkürzt als »Islamisches Recht« übersetzt wird, ein Leben außerhalb eines islamischen Landes überhaupt tolerieren kann. Schließlich gehört die islamische Religion, selbstverständlich graduell unterschiedlich, zur bislang gelebten kulturellen Identität. Um diese Frage zu beantworten, muss vorausgeschickt werden, dass die Scharia kein Rechtstext oder Rechtsbuch ist, sondern im Verständnis der Muslime die göttlichen Gebote und Verbote enthält, mithin also die Beziehungen zur göttlichen Autorität (*Allāh*) und zu den Mitmenschen regelt.

Rechtsnormen und Werte bilden danach eine untrennbare Einheit, die sich auf das Verhalten im Alltag, auf die rituellen Pflichten und auf die Rechtsverhältnisse erstreckt. Muslimische Rechts- und Religionsgelehrte haben sich schon in der »klassischen« Phase der islamischen Rechtsentwicklung (8. bis 11. Jahrhundert) damit auseinandergesetzt, ob der Muslim (selbstverständlich auch die Muslimin) in ein nichtislamisches Gebiet reisen darf, um etwa Handel zu treiben. Ihre Antwort lautet: Eine solche Reise ist vom Grundsatz her erlaubt, der Islam kann auch ohne die politische Herrschaft der Muslime gelebt werden.[2] Auch der dauerhafte Aufenthalt von Muslimen gilt dann als legitim, wenn die Möglichkeiten der freien Religionsausübung gegeben sind. Das Grundgesetz der Bundesrepublik Deutschland (GG) sichert jedem Muslim gemäß Art. 4, egal ob mit deutschem Pass oder ohne, die Freiheit zu, seine Religion auszuüben. Dieses Grundrecht kann lediglich eingeschränkt werden, wenn Rechte Dritter verletzt sind oder andere Verfassungsprinzipien dem entgegenstehen.

Hier schließt sich an, dass die deutsche Rechtsordnung unantastbar ist, d.h. nicht durch religiöse Gebote infrage gestellt werden darf. Das Volk bzw. dessen Vertreter entscheiden souverän darüber, welche Gesetze im materiellen Sinne maßgeblich sind. Jedermann, der sich im Geltungsbereich des Grundgesetzes aufhält, ist der freiheitlich demokratischen Grundordnung unterworfen. Somit ist kein Platz für die oft publizistisch aufgemachte Forderung nach »Einführung der Scharia« oder »Vorrang der Scharia« gegenüber dem Grundgesetz. Jede Paralleljustiz, die die hoheitliche Gewalt des Staates missachtet, hat keine Existenzberechtigung. Aber der Diskurs darüber führt in die Irre, wenn Grenzen *und* Möglichkeiten nicht klar benannt werden.

Bedeutet diese Zustandsbeschreibung nun aber, dass das Islamische Recht in Deutschland nur auf die Ritualpflichten (Gebet, Almosen, Fasten, Pilgerfahrt) und auf private Angelegenheiten des Alltags reduziert werden kann? Für die türkischstämmige Bevölkerung mag dies eher verständlich sein, weil die laizistische Türkei eine solche Verengung seit den 1920er Jahren z.T. erfolgreich durchgesetzt hat. Dennoch zeigen sich auch hier Veränderungen, die mit einer zunehmenden Rückbesinnung auf die Religion zusammenhängen. Für andere Regionen der islamischen Welt, insbesondere für die arabischen Länder, lässt sich die Akzeptanz einer solchen Einschränkung kaum ausmachen. Vielmehr gelten dort vor allem in den Teilbereichen des Personen- und Familienrechts, des Erbrechts, des Zivil- und Handelsrechts und des Rechts der Religiösen Stiftungen islamischrechtliche Bestimmungen fort.[3] Es handelt sich dabei mit Ausnahme des Rechts der Religiösen Stiftungen um privatrechtliche Regelungen.

Das deutsche Recht garantiert gemäß Art. 2 Abs. 1 GG die »allgemeine Handlungsfreiheit«, d.h. die Privatautonomie. Jede Person kann demnach eigenverantwortlich ihre Rechtsverhältnisse gestalten. Jedoch setzt die Rechtsordnung Grenzen, wenn Verträge geschlossen werden (Abschlusszwang, gesetzliche Verbote, sachenrechtliche Einschränkungen, Verbraucherschutz, AGB-Kontrolle u.a.).[4] Jedem Muslim, im Übrigen auch jedem anderen Bürger, steht es frei, zinsfreie Finanzprodukte zu kaufen. Im März 2015 hat die deutsche Finanzaufsicht BaFin folgerichtig der nach islamisch-rechtlichen Prinzipien agierenden Kuveyt Türk Bank die Vollbanklizenz für das Firmen- und Privatkundengeschäft erteilt.[5] So hat die Bank am 1. Juli 2015 an den Standorten Frankfurt, Mannheim und Berlin ihre Arbeit aufgenommen.[6]

In Angelegenheiten mit Auslandsbezug (z.B. binationale Eheschließungen) eröffnet das deutsche Internationale Privatrecht (IPR), geregelt im Einführungsgesetz zum Bürgerlichen Gesetzbuche (EGBGB), vielfältige Möglichkeiten für die Anwendung ausländischen Rechts. Im Falle von Rechtsordnungen, die von der Scharia geprägt sind, bedeutet dies die partielle Beachtung islamisch-rechtlicher Normen, auch wenn bestimmte Rechtsfiguren – so die Polygynie – grundsätzlich verboten sind. Beispielsweise werden im Interesse der Gleichbehandlung von zwei Ehefrauen, die in einem islamischen Land rechtmäßig die Ehe mit dem gleichen Mann geschlossen haben, auch die gemeinsamen Ansprüche auf Witwenrente anerkannt, jedoch nach § 34 Abs. 2 Sozialgesetzbuch (SGB) I nur anteilig.[7] Freilich heißt das nicht, dass grundsätzliche Werte der deutschen Rechtsordnung (insbesondere Grundrechte) damit außer Kraft gesetzt werden können, denn Art. 6 EGBGB verbietet eine solche Verletzung (*ordre public*).

So ist das »Einfallstor« für die Scharia in keiner Weise unkontrolliert geöffnet. Mehr noch. Das für Einwanderungsländer typische Anknüpfungsmoment des gewöhnlichen Aufenthaltes und die Rechtswahl werden durch europäische Verordnungen (Rom I-VO / Rom II-VO / Rom III-VO) gestärkt.[8] Die bislang dominierende Anknüpfung an die Staatsangehörigkeit tritt in ihrer Bedeutung zurück. Die zunehmende Internationalisierung des Rechts wirft auch in Bezug auf die deutsche Rechtsordnung die Frage auf, ob nicht bestimmte Rechtsfiguren aus dem Bestand des Islamischen Rechts in die deutsche Rechtsordnung integriert werden sollten. Ein Beispiel mag dies illustrieren: Die in islamischen Ehen übliche Brautgabe, deren Legitimität auch von deutschen Gerichten grundsätzlich nicht angezweifelt wird, könnte als Rechtsfigur *sui generis* verankert werden und würde auf diese Weise Qualifizierungsprobleme durch deutsche Gerichte vermeiden helfen.[9] Solche Überlegungen könnten auch für weitere Rechtsinstitute angestellt werden, z.B. für die dem englischen *trust* ähnelnde Gesellschaftsform der *muḍāraba* (oft vereinfacht als »Stille Gesellschaft« übersetzt).[10] Die grundsätzliche Ablehnung einer islamischen Paralleljustiz sollte Anlass sein, darüber nachzudenken, wie Muslime, die eine entsprechende Ausbildung erfahren haben, stärker in den staatlich kontrollierten Apparat der Rechtspflege integriert werden können, um Konflikte vielleicht schon vorgerichtlich zu lösen oder zu entschärfen. Hier muss sich die Gesellschaft öffnen und Integration auf *allen* Gebieten ermöglichen.

2. Rechtliche Entscheidungen mit Relevanz für die Muslime in Sachsen

Selbstverständlich resultieren aus der Beachtung religiöser Gebote durch Muslime Konflikte, für deren Lösung oder Regelung Gerichte zuständig sind. Daran wird sich nichts Grundsätzliches ändern, zumal gerade die Rechtsstaatlichkeit erfordert, diesbezügliche Entscheidungen herbeizuführen und durchzusetzen. Mit anderen Worten: Relevante Gerichtsurteile in religiös-rechtlichen Angelegenheiten sollten keineswegs als gesellschaftliche Unzulänglichkeit, sondern als wichtiges Element der Gestaltung der Beziehungen verstanden werden. Im Folgenden sei auf einige Probleme in diesem Zusammenhang eingegangen.

Jeder Bürger in Deutschland kann sich nach Belieben kleiden, wenn er nicht gegen die sittlichen Regeln verstößt. Aus hygienischen Gründen, aber auch aus Gründen einer bestimmten Gruppenzugehörigkeit sind – z. T. anlassbezogen – spezifische Kleiderordnungen vorgeschrieben oder erwünscht. Für die islamische Religion konzentriert sich diese Frage auf die Verschleierung bzw. das Kopftuch für die Frau. Koran (etwa 24:31, 33:59) und Überlieferungen geben keine klaren Antworten darauf, ob ein Kopftuch oder gar ein Gesichtsschleier für die Frau in der Öffentlichkeit notwendig ist. Auch die Gelehrten haben keinen Konsens darüber erzielt. Wohl aber existiert eine Tendenz, das Kopftuch als eine »Mindestanforderung« zu propagieren.

Wie ist dieser bei vielen Musliminnen durchaus nachvollziehbare Wunsch nach »islamisch korrekter« Bekleidung in Übereinstimmung mit den Grundsätzen des säkularen Staates im Bereich der öffentlichen Schulen zu bringen? Die höchsten deutschen Gerichte, allen voran das Bundesverfassungsgericht (BVerfG), haben sich seit einigen Jahren mehrfach mit dieser Problematik auseinandersetzen müssen. Am 27. Januar 2015 hat das BVerfG in einem Beschluss festgestellt, dass »ein pauschales Kopftuchverbot für Lehrkräfte in öffentlichen Schulen mit der Verfassung nicht vereinbar [sei]«.[11] Sachsen verfügt – wie die meisten »neuen« Bundesländer – nicht über ein Gesetz zum Kopftuchverbot. Dennoch wurde 2010 über die Frage gestritten, ob Schülerinnen Kopftücher tragen dürfen. Anlass war ein Verbot, welches an der 101. Mittelschule in Dresden durch eine Hausordnung (generelles Verbot von Kopfbedeckungen) im Jahre 2008 verhängt worden war. Das sächsische Kultusministerium hat am 25. November 2010 entschieden, dass ein solches Kopftuchverbot unzulässig sei. Sicher wird die Diskussion um das Kopftuch damit auch in Sachsen nicht zu Ende sein, denn die Problematik stellt sich mittelfristig auch für Beamte in anderen Bereichen (Justiz, Justizvollzug, Polizei) und darüber hinaus für muslimische Arbeitnehmerinnen in der Privatwirtschaft.

Die Diskussion erscheint auch im Lichte einer grundsätzlichen Auseinandersetzung um die Rolle der Religion(en) in Deutschland und um die Gestaltung oder Umgestaltung des bislang an den Interessen der christlichen Kirchen ausgerichteten Religionsverfassungsrechts.

Muslime dürfen bestimmte Sorten von Fleisch verzehren, insbesondere aber Hammel, Lamm, Rind und Geflügel. Die vorgesehene Schlachtmethode ist dabei das Schächten, welches gerade in den Zeiten von Feiertagen als Pflicht gilt. Die meisten muslimischen Rechts- und Religionsgelehrten lehnen eine vorhergehende Betäubung des Tieres ab, obgleich dies nicht eindeutig aus den Quellen zu schließen ist. Das BVerfG hat in einem Urteil vom 15. Januar 2002 festgestellt, dass muslimische Metzger eine Ausnahmegenehmigung für das Schächten erhalten können.[12] Auch nach der Aufnahme des Tierschutzes in Art. 20a GG[13] hat sich mit der Entscheidung des Bundesverwaltungsgerichts (BVerwG) in Leipzig vom 23. November 2006[14] nichts Wesentliches geändert. Es bleibt letzten Endes den örtlichen Veterinärämtern, also der Exekutive, überlassen, eine solche Ausnahmegenehmigung zu erteilen. Dass auch die jüdische Gemeinschaft betroffen sein kann, macht im Vergleichsfalle die Sache für die Ämter nicht einfacher.

Auch in der Frage der Beschneidung müssen die Gerichte berücksichtigen, dass die muslimische und die jüdische Gemeinschaft gleichermaßen betroffen sind, und den Gleichbehandlungsgrundsatz wahren. Mit der Entscheidung des Kölner Landgerichts aus dem Jahre 2012, dass die Beschneidung an einem nicht einwilligungsfähigen Jungen den Tatbestand einer rechtswidrigen Körperverletzung erfüllt, wurde eine durchaus hektische Debatte ausgelöst, die schlussendlich zur Einfügung des § 1631d BGB führte.[15] Auch das BVerfG hat diesen Text im Beschluss vom 8. Februar 2013 nicht angetastet.[16] Jungen dürfen also auf Wunsch der Sorgeberechtigten durch Ärzte oder von Personen, die »nach den Regeln der ärztlichen Kunst handeln«, beschnitten werden, vorzugsweise im Kleinkindalter. Für die muslimische Gemeinschaft sollte die letztere Aussage eher ohne Bedeutung sein, weil der Beschneider nicht notwendig selbst Muslim sein muss. Allerdings dürften die Gegenargumente von Medizinern (Gesundheitsrisiken bei der Beschneidung) und Juristen (Körperverletzung) im sächsischen Umfeld durchaus auf Zustimmung stoßen.

Auch gilt es rechtliche Fragen zu Bestattungszeremonien zu klären. Seit 1997 existieren auf dem Ostfriedhof in Leipzig und seit 2012 auf dem Dresdner Heidefriedhof Gräberfelder für die Bestattung von Muslimen (siehe Beitrag von M. Zabel). Damit kann die Forderung nach einer bestimmten Ausrichtung der Gräber (Blickrichtung des Toten nach Mekka) erfüllt werden. Auch die vorgeschriebene ewige Totenruhe scheint in Auslegung von § 7 Abs. 1 Sächsisches Bestattungsgesetz (SächsBestG) vom 8. Juli 1994 (i. d. F. vom 13. Dezember 2012)[17] auf kommunaler Ebene realisierbar. Der Sargzwang gemäß

SächsBestG (§ 16) bleibt zwar grundsätzlich als Problem bestehen, obgleich der Tote nach der rituellen Waschung auch in die islamischrechtlich vorgesehenen Leinentücher gehüllt werden kann. Andere Bundesländer und einzelne Kommunen haben den Sargzwang bereits abgeschafft oder können auf entsprechende Wünsche von Muslimen flexibel reagieren. Einer diesbezüglichen Überarbeitung des SächsBestG stehen keine verwaltungs- oder verfassungsrechtlichen Hindernisse entgegen.

Nach einer Statistik[18] gibt es in Sachsen derzeit zwölf Moscheen, vier in Leipzig, drei in Dresden, drei in Chemnitz, eine in Freiberg und eine in Zwickau. Darüber hinaus betreiben einige Vereine von Muslimen Moscheen bzw. Gebetsräume (z. B. in Plauen), sodass diese Zahlen schwanken können. So werden in der Leipziger kommunalen Statistik insgesamt acht Moscheen aufgeführt.[19] Äußerlich sind diese Moscheen bzw. islamischen Gebetsräume nicht ohne Weiteres erkennbar, denn sie lassen Minarette und eine moscheetypische Architektur vermissen (siehe Beitrag von U. Noack). Tatsächlich entspricht das äußere Erscheinungsbild der meisten Moscheen in Sachsen nicht den Erwartungen, welche an eine religiöse Kultstätte zu stellen sind.

Gemäß Art. 4 GG (s. o.) ist der Neubau von Moscheen im Rahmen der Religionsfreiheit ein Grundrecht muslimischer Gemeinschaften. Dass sowohl in der Planungs- und Bauphase als auch im Betrieb einer solchen Moschee die bau-, immissionsschutz- und straßenverkehrsrechtlichen Bestimmungen sowie weitere Verwaltungsregelungen und kommunale Vorgaben einzuhalten sind, steht selbstverständlich außer Frage. Bereits 2006 hatte die kleine Leipziger Ahmadiyya-Gemeinde versucht, die Bewilligung zum Bau einer Moschee zu erhalten.[20] Im zweiten Anlauf seit 2013 liegt nunmehr eine positive Reaktion seitens der Stadt auf den Bauvorantrag vor. Dabei gab es sowohl störende Provokationen als auch Protest von Anwohnern gegen den Bau. Im April 2015 eingereichte Widersprüche haben die Planungen und die Ausführung erneut verzögert. Am 29. Juni 2015 hat die Landesdirektion Leipzig die Genehmigung bestätigt und die Widersprüche zurückgewiesen. Nach einem Wettbewerb soll der Siegerentwurf als Bauantrag eingereicht werden. Weitere Einsprüche gelten jedoch angesichts der aufgeheizten Stimmung als wahrscheinlich.[21] Nicht alle Muslime akzeptieren die Anhänger der Ahmadiyya, die seit 2013 in Hessen und seit 2014 in Hamburg den Status einer »Körperschaft des öffentlichen Rechts« genießt, als islamische Gemeinschaft. So können auch innerislamische Konflikte nicht ausgeschlossen werden, was aber die Legitimität des Antrages in keiner Weise in Frage stellt. Wann dieser erste Moscheeneubau in Sachsen tatsächlich vollendet sein wird, ist zum heutigen Zeitpunkt jedoch nicht absehbar.

Islamischer Religionsunterricht im Sinne eines bekennenden Unterrichtsfaches oder Islamkunde als religiös neutrales Fach werden gegenwärtig im Freistaat Sachsen nicht angeboten.[22] Das Argument, dass dafür schlicht die muslimischen Schüler fehlen, dürfte mittelfristig nicht tauglich sein. Die bislang in Deutschland existierenden Ausbildungsstätten für Islamlehrer in Erlangen-Nürnberg, Tübingen, Frankfurt-Gießen und Münster-Osnabrück haben nach wie vor mit den Problemen der Akzeptanz und der Ausrichtung der Lehrpläne zu kämpfen. Verfassungsrechtlich kann der Anspruch auf konfessionsgebundenen Religionsunterricht aus Art. 7 Abs. 3 GG geschlossen werden. Allerdings gilt die sogenannte Bremer Klausel (Art. 141 GG). Obwohl dazu bislang keine höchstrichterliche Entscheidung vorliegt, wäre im Freistaat Sachsen rechtlich zu prüfen, ob auch ein am Brandenburger Modell orientierter Unterricht LER (Lebensgestaltung-Ethik-Religionskunde) für *alle* Schüler eingeführt werden könnte. Das Land Sachsen hat sich jedoch im Art. 105 seiner Verfassung[23] anders entschieden und den Ethik- und Religionsunterricht als ordentliches Lehrfach festgelegt. Diese Entscheidung ist dann auch die Grundlage der Verwaltungsvorschrift (VwV) des Sächsischen Staatsministeriums für Kultus »Religion und Ethik« vom 29. September 2004 (i. d. F. vom 6. April 2007).[24] Die religiöse Struktur der sächsischen Bevölkerung zeigt jedoch, dass auch ein anderes Modell denkbar wäre, zumal die Mehrheit der Schüler nicht am Religionsunterricht, sondern (ersatzweise) am Ethikunterricht teilnimmt. Dafür mangelt es aber am politischen Willen der regierenden Parteien bzw. auch an der Zustimmung seitens der christlichen Kirchen.

Bislang gibt es in Sachsen keine nennenswerten Bemühungen, einen Staatsvertrag mit islamischen Verbänden nach dem Vorbild von Bremen und Hamburg bzw. (zukünftig) Niedersachsen abzuschließen. Ein solcher Vertrag könnte die Rechte und Pflichten der Muslime festlegen und Rechtssicherheit schaffen, z. B. auch hinsichtlich der Beurlaubung von Schülern oder Arbeitnehmern aufgrund von islamischen Feiertagen (Fest des Fastenbrechens, Opferfest). Die sächsische Schulbesuchsordnung (SBO) vom 12. August 1994 (i. d. F. vom 9. März 2004) ermöglicht gemäß § 4 Abs. 2 Z 2 aber bereits heute die Freistellung vom Unterricht wegen eines religiösen Anlasses.[25]

Alles in allem können Muslime in Sachsen aufgrund von Bundes-, Landes- oder Kommunalregelungen vielfältige Rechte wahrnehmen, um ihre Religion zu praktizieren. Dies schließt nicht aus, dass weitere Anstrengungen sowohl vonseiten des Freistaates als auch vonseiten der islamischen Verbände notwendig sind, um bestehende Integrationshemmnisse zu beseitigen und die gleichberechtigte gesellschaftliche Mitwirkung der Muslime zu gewährleisten.

Zum Weiterlesen

- Ebert, Hans-Georg: *Tendenzen der Rechtsentwicklung*. In: Ende, Werner / Steinbach, Udo (Hg.): Der Islam in der Gegenwart. München 2005, S. 199–228.
- Rohe, Mathias: Das islamische Recht. Eine Einführung. München 2013.

1 Siehe Kammholz, Karsten / Malzahn, Claus Christian: *»Der Islam gehört nicht zu Sachsen.«* In: Die Welt, 25.01.2015.
2 Johansen, Baber: Contingency in a Sacred Law. Legal and Ethical Norms in the Muslim Fiqh. Leiden / Boston / Köln 1998, S. 272 f.
3 Dass in wenigen Gebieten (Herrschaftsbereiche des sogenannten Islamischen Staates) oder Ländern (Pakistan, Saudi-Arabien, Iran, Nigeria u. a.) nach wie vor auch strafrechtliche Normen (Körperstrafen) zur Anwendung kommen, sei der Vollständigkeit wegen erwähnt.
4 Vgl. Springer Gabler Verlag (Hg.): Gabler Wirtschaftslexikon, Stichwort: Vertragsfreiheit, 10. Auflage. Wiesbaden 1997.
5 Vgl. KT-Bank (Homepage), kt-bank.de/uber-uns/kt-bank.aspx (16.06.2015).
6 Neuhaus, Carla: *Bank ohne Zinsen.* In: Potsdamer Neueste Nachrichten, 27.07.2015.
7 Vgl. § 34 SGB I, sozialgesetzbuch-sgb.de/sgbi/34 (25.08.2015).
8 Die Rom IV-VO mit Bezug zum Erbrecht tritt am 17.08.2015 in Kraft. Vgl. Mansel, Heinz-Peter / Hüßtege, Rainer (Hg.): Bürgerliches Gesetzbuch. Rom-Verordnungen zum Internationalen Privatrecht. Bd. 6, Baden-Baden 2013.
9 Dieser Vorschlag stammt von Nadjma Yassari (MPI Hamburg). Siehe dazu: Yassari, Nadjma: *Die Brautgabe im Familienvermögensrecht. Innerislamischer Rechtsvergleich und Integration in das deutsche Recht.* In: Beiträge zum ausländischen und internationalen Privatrecht, Bd. 104. Tübingen 2014.
10 Dazu Heckel, Martin*: Integration islamischer Rechtsinstitute im Inland? Das Beispiel Mudarabavertrag.* In: Rechtstransfer. Beiträge zum Islamischen Recht, Bd. 8, Frankfurt a. Main 2011, S. 61–84.
11 Siehe bverfg.de/e/rs20150127_1bvr047110 (16.06.2015). Vgl. auch BVerfG, Urteil vom 24.09.2003, Az. 2 BvR 1436/02; BVerfGE 108, 282 – Kopftuch.
12 Siehe bverfg.de/e/rs20020115_1bvr178399 (17.06.2015).
13 Fassung aufgrund des Gesetzes zur Änderung des Grundgesetzes (Staatsziel Tierschutz) vom 26.07.2002 (BGBl. I S. 2862) m.W.v. 01.08.2002.
14 Siehe bverwg.de/entscheidungen/entscheidung.php?ent=231106U3C30.05.0 (17.06.2015).
15 Die Vorschrift wurde durch das Gesetz über den Umfang der Personensorge bei einer Beschneidung des männlichen Kindes vom 20.12.2012 (BGBl. I S. 2749) m.W.v. 28.12.2012 ins BGB eingefügt.
16 Siehe bverfg.de/e/rk20130208_1bvr010213 (18.06.2015).
17 SächsGVBl. S. 725, 731.
18 Siehe moscheesuche.de/moschee/bundesland/sachsen/15 (22.06.2015).
19 Vgl. Puppe, Matthias: *Angst vor Islam und Überfremdung: Faktencheck zur Lage in Leipzig und Sachsen.* In: LVZ, 04.03.2015.
20 Leipziger Volkszeitung, 17.05.2006, S. 17.
21 Ebd. 30.06.2015, S. 13.
22 Zu einzelnen Regelungen in den übrigen Bundesländern mit Stand von 2010 siehe Salama, Ibrahim: *Muslimische Gemeinschaften in Deutschland. Recht und Rechtswissenschaft im Integrationsprozess.* In: Leipziger Beiträge zur Orientforschung, Bd. 27, Frankfurt a. Main 2010, S. 69–109.
23 Verfassung des Freistaates Sachsen vom 27.05.1992, geändert durch Gesetz vom 11.07.2013 (SächsGVBl. S. 502).
24 Siehe edith-stein-schulstiftung.de/upload/lehrplan_RU_FSA/VwV_Ethik_undrELIGION_fsa.pdf (24.06.2015).
25 Siehe SächsGVBl. Jg. 1994 Bl.-Nr. 54 S. 1565 Fsn-Nr.: 710-1.35, Fassung gültig ab: 09.03.2004.

2.
Lebenswelten

Leben, Arbeit, Engagement

Muslime gehören längst zu Deutschland. Dennoch werden sie oft aufgrund ihrer religiösen Zugehörigkeit herausgefordert. Deshalb ist das Engagement von Einzelpersonen und Vereinen, die sich um Dialog und Integration bemühen, unabdingbar. Es zeigt, dass Muslime auf dem Weg sind, mitgestaltende Kräfte der Gesellschaft zu werden.

Annett Heerklotz

Arbeit und Ausbildung, Bildungswege und Lebensläufe

Eine qualifizierte Ausbildung und die Einbindung in den Arbeitsmarkt sind wesentliche Elemente gesellschaftlicher Teilhabe und werden in der Migrationsforschung als zentrale Indikatoren für die Integration in die deutsche Gesellschaft betrachtet. Doch Arbeit sichert nicht nur den Lebensunterhalt. Die Lebensqualität wird ganz entscheidend durch einen erfüllenden Beruf beeinflusst, und ein selbstbestimmter Bildungsweg ist eine der Voraussetzungen dafür. Noch haben Muslime in Sachsen de facto keinen gleichberechtigten Zugang zu Bildung und Arbeit. Der Freistaat Sachsen formuliert aber in seinem Zuwanderungs- und Integrationskonzept von 2012 die gleichberechtigte Teilhabe als langfristiges Ziel.[1]

In diesem Kapitel kommen Muslime zu Wort, die in Sachsen studieren und arbeiten. Sie erzählen darin von ihrem Berufswunsch und ihrem Bildungsweg – vom Erfolg und vom Scheitern. Es sind Geschichten von Diskriminierungserfahrungen, aber auch von überraschenden Gesten der Toleranz in einem deutschen Arbeitsumfeld. Vor allem gibt das Kapitel jedoch einen Einblick in die Vielfalt an Tätigkeiten, in denen Muslime in Sachsen beschäftigt sind.

Muslimische Unternehmer in Gastronomie und Einzelhandel

Wer kennt sie nicht, die Dönerbude um die Ecke, die fast schon zum Sinnbild türkischen Kleinunternehmertums in Deutschland geworden ist. Herr Özcan[2] besitzt in Chemnitz gleich mehrere Dönerläden. Er zählt zur zweiten Generation türkischer Migranten, die in den 1960er Jahren als Gastarbeiter nach Westdeutschland gekommen sind, nicht nur um zu arbeiten, sondern auch um zu bleiben. Als er in den 1980er Jahren in Berlin seine Ausbildung zum Handelskaufmann beendet hatte, stand für ihn bereits fest, dass er sich selbstständig machen würde. Nach Sachsen ist Herr Özcan gekommen, weil er direkt nach der Wende in Chemnitz die Marktlücke für türkischen Imbiss entdeckt hat – eine kluge Entscheidung: Seit 1992 eröffnet er nach und nach einen kleinen Imbiss, einen Döner-Drive-In und ein Schnellrestaurant und ist Arbeitgeber für zehn Angestellte.

Unter den muslimischen Selbstständigen in Sachsen bilden türkische und türkischstämmige Unternehmer die Mehrheit. Zwar gibt es keine Daten zum Unternehmertum von Muslimen in Sachsen, eine Studie von MIGRASAX »MigrantInnen als Wirtschaftsakteure in Sachsen«[3] bestätigt jedoch, dass die Mehrheit der Selbstständigen mit Migrationshintergrund in der Gastronomie, im Einzelhandel oder im personenbezogenen Dienstleistungsbereich (z. B. als Übersetzer) ein Gewerbe anmeldet. Häufig orientieren sich Unternehmer mit Migrationshintergrund an anderen Selbstständigen gleicher Herkunft, sodass es zu einer Häufung ähnlichen Gewerbes und hohem Konkurrenzdruck kommt. Auch Herr Özcan ist mit seinen Dönerläden längst nicht mehr der Einzige. 2015 gibt es in Chemnitz mindestens noch 25 weitere Gastronomiebetriebe, die ebenfalls Döner anbieten.

Viele Zugewanderte eröffnen ihr Geschäft außerdem nach einer längeren Phase der Erwerbslosigkeit als letzten Ausweg aus der Arbeitslosigkeit heraus und versuchen Nischen in der lokalen Ökonomie zu besetzen. Noch ist Herr Shahin mit seinem Orientmarkt »Halal« in Chemnitz einziger Anbieter türkischer und arabischer Spezialitäten. Sein Geschäft läuft gut. Erst vor zwei Jahren hat er größere Verkaufsräume angemietet, die mittlerweile schon nicht mehr ausreichend Platz für die vielen nachgefragten Waren bieten. Dabei sind es nicht nur muslimische Kunden, die bei ihm Halal-Waren kaufen oder spezielle Erzeugnisse aus dem Heimatland, sondern zunehmend auch Chemnitzer, die sich für orientalische Küche, Kleidung oder Wasserpfeifen begeistern.

Doch auch Herr Shahin ist erst nach Jahren unsicherer Erwerbstätigkeit in einfachsten Aushilfs-Jobs den Schritt in die Selbstständigkeit gegangen. Der gebürtige Syrer ist Maschinenbauingenieur und war vor seiner Flucht aus Syrien im Jahr 2000 Eigentümer eines Import-Export-Großhandels für Maschinen. Während seines Asylverfahrens in Chemnitz hatte er erst jahrelang kein Recht auf Arbeit, und als ihm endlich der Zugang zum Arbeitsmarkt gewährt wurde, war das Interesse möglicher Arbeitgeber an seinen Fachkenntnissen aufgrund der langen Auszeit erloschen. Herr Shahin hat nun zwar mit seinem Laden ein sicheres Einkommen, aber der erfolgreichen Zeit als Maschinenbauingenieur trauert er doch hinterher.

In Sachsen studieren, forschen und bleiben?

Sachsens Hochschulen und Forschungsinstitute haben einen hervorragenden Ruf. Viele Muslime entscheiden sich bewusst für das Promotionsstudium an einer bestimmten Universität oder Fachhochschule, weil genau dort der gesuchte Forschungsschwerpunkt angeboten wird. Damit Sachsen auch in Zukunft für Wissenschaftler aus aller Welt attraktiv bleibt, setzten bereits einige öffentliche Interessenvertreter deutliche Zeichen der Toleranz. Ansonsten würden es vor allem finanziell unabhängige Hochqualifizierte sein, die sich zukünftig für andere Forschungsstandorte entscheiden. Der Präsident der Max-Planck-Gesellschaft hat im Gespräch mit Sachsens Ministerpräsident bereits die Sorge geäußert, dass »die Bindung und Gewinnung insbesondere von Fachkräften aus dem Ausland sich wegen der jüngsten Ereignisse schwieriger gestalten könnte.«[4]

Auch Zarina hatte Angst, sich in der Stadt frei zu bewegen, als die LEGIDA-Bewegung in Leipzig aktiv wurde. »Es hat mich wirklich beruhigt, als sich die Rektorin der Uni Leipzig in einer Erklärung gegen intolerantes und fremdenfeindliches Gedankengut ausgesprochen hat.« Zarina ist Dozentin für Psychologie in Jakarta. Sie ist 2013 aus Indonesien nach Leipzig gekommen, um im Rahmen ihrer Promotion die Psyche von Erdbebenopfern zu untersuchen. »Ich wollte unbedingt in Leipzig forschen, weil die Psychologie als akademische Disziplin in Leipzig begründet wurde. Die Demonstrationen haben mich natürlich richtig erschreckt! Gleichzeitig arbeite ich aber auch in einem toleranten multikulturellen Arbeitsumfeld. Dass sich gerade jetzt im Ramadan so viele Mitarbeiter und vor allem auch meine Professorin besorgt bei mir erkundigt haben, ob ich bei der Hitze das Fasten aushalten kann, hat mich doch gerührt.« Ende 2015 wird Zarina ihre Dissertation veröffentlicht haben. Ein bisschen erleichtert ist sie schon, bald wieder nach Indonesien zurückkehren zu können.

Hingegen hat Abdelkarim im Sommer von islamfeindlichen Demonstrationen noch nichts mitbekommen. Er unterrichtet an der TU Freiberg Mathematik und konzentriert sich ganz auf seine Dissertation. »Ich bin für die Promotion nach Freiberg gegangen, weil sich nur hier ein Professor auf demselben Gebiet in Angewandter Analysis spezialisiert wie ich. Die Forschungsbedingungen an der TU sind viel besser als in meinem Heimatland Algerien. Ich habe ein sehr gutes Verhältnis zu meinem Professor, wir tauschen uns regelmäßig aus und als ich ihn gebeten habe, an einem anderen Tag unterrichten zu dürfen, damit ich freitags immer in die Moschee gehen kann, war das überhaupt kein Problem.«

Mustafa wird nach Abschluss seines Lehramtsstudiums ein sehr gefragter Lehrer sein, denn er studiert Physik und Mathematik für den Unterricht an Mittelschulen – Lehrer für Naturwissenschaften werden in Sachsen ganz dringend gesucht. Dass er in Leipzig studiert und auch unterrichten wird, ist keine Selbstverständlichkeit. »Ich wollte auf keinen Fall in den Osten und bin nur wegen meiner Frau nach Leipzig gegangen. Sachsen, das hieß für mich Rechtsradikalismus, niedrigere Löhne und geringe Lebensqualität. Jetzt leben wir seit sieben Jahren in Leipzig und meine Vorurteile haben sich Gott sei Dank nicht bestätigt. Ich werde in Sachsen bleiben, weil ich merke, dass ich hier gebraucht werde. Als ich das erste Mal an einer Schule in einem Problemviertel Leipzigs gearbeitet habe, ist mir gleich aufgefallen, dass ich mit den Migrantenkindern besser umgehen kann als meine deutschen Mitstudenten. Ich bin Deutsch-Marokkaner, ich weiß einfach besser, wie Jugendliche mit Migrationshintergrund ticken.«

Qualifizierte Frauen mit Kopftuch

Das Kopftuch zeichnet Frauen unverkennbar als Musliminnen aus und hinterlässt beim nichtmuslimischen Betrachter oft den Eindruck von Unterdrückung, Fremdheit und mangelnder Bildung. Trägt eine Muslimin das Kopftuch in Kombination mit weiten langen Gewändern in gedeckten Farben, scheint das Vorurteil von Rückständigkeit und Bildungsferne erst recht bestätigt. Einmal davon abgesehen, dass das äußere Erscheinungsbild keinen Aufschluss über den Bildungsgrad und den freien Willen einer Person zulässt, tragen negative Vorurteile vielmehr noch dazu bei, dass die Kopftuchträgerin auf dem deutschen Arbeitsmarkt in Bereiche abgedrängt wird, von denen angenommen wird, dass sie da hingehört: in gering qualifizierte niedrig entlohnte Tätigkeiten oder in ein Dasein als Hausfrau und Mutter.

Für Akmaral war der Umzug von Usbekistan nach Deutschland mit einem sozialen Abstieg verbunden. Sie ist Physikerin und überlegt, wieder in die Heimat zurückzukehren, weil sie in Leipzig keine Anstellung findet: »Ich wollte eigentlich in Usbekistan bleiben. In Samarkand habe ich an einem Gymnasium mit Begeisterung Physik unterrichtet. Ich bin mit den beiden Kindern vor zwei Jahren eigentlich nur deshalb nach Leipzig gekommen, damit die Familie beisammen ist. Mein Mann ist Promotionsstipendiat und schreibt in Leipzig seine Dissertation in Physik.«

Selbstverständlich wollte Akmaral auch in Deutschland ihrer Arbeit nachgehen. Sie hat in Leipzig einen Sprachkurs besucht, spricht mittlerweile sehr gut Deutsch, die Ausländerbehörde hat ihr eine Arbeitserlaubnis ausgestellt und hoch qualifiziert ist sie sowieso. Trotzdem wurde sie bisher in Vorstellungsgesprächen abgelehnt. »Bekannte haben mich schon gewarnt, dass ich es in Deutschland schwer haben werde, mit Kopftuch eine qualifizierte Stelle zu bekommen. Aber ich habe einen Master in Physik und sechs Jahre Unterrichtserfahrung! Niemals hätte ich gedacht, dass ich in Leipzig noch nicht einmal eine einfache Stelle im Bereich der Hausaufgaben- oder Kinderbetreuung bekommen würde.«

Akmaral ist verheiratet. In ihrer Entscheidung ist sie unabhängig und sie weiß, was sie will: »Die Arbeit gibt meinem Leben einen Sinn und das Unterrichten hat mir Spaß gemacht. Leipzig gefällt mir zwar gut, aber Hausfrau werde ich hier bestimmt nicht bleiben. Da gehe ich lieber wieder zurück nach Usbekistan, dort werde ich als Physikerin wirklich gebraucht!«

Mariam erging es ähnlich. Sie hat ihr Medizinstudium in Syrien abgeschlossen und wurde beim Vorstellungsgespräch an einer Klinik in Leipzig vom Chefarzt direkt auf ihr Kopftuch angesprochen. »Ich bin voll ausgebildete Fachärztin und habe mich nur um einen Praktikumsplatz beworben, damit ich noch besser mit den deutschen Fachbegriffen im medizinischen Bereich vertraut werde. Letztendlich hat sich das Vorstellungsgespräch hauptsächlich um mein Kopftuch und nicht um meine Qualifikation gedreht.« Der Chefarzt hatte zwar betont, tolerant zu sein, er schien aber Bedenken wegen der Patienten zu haben – immerhin sei man hier in Sachsen. »Also habe ich ihm vorgeschlagen, anstelle des Kopftuchs eine neutrale Kopfbedeckung aufzusetzen, wie sie die Krankenschwestern im OP-Bereich tragen.« Mariams Bewerbung wurde trotzdem abgelehnt, angeblich aufgrund mangelnder Qualifikation. »Das hat mich schon verwundert, denn man braucht für einen Praktikumsplatz keine spezielle Qualifikation. Ich stehe nur dabei, schaue und höre zu. Außerdem bin ich bereits Ärztin mit Berufserfahrung.«

Am Universitätsklinikum in Halle war ihre Bewerbung dann erfolgreich. Ihr Kopftuch wurde beim Vorstellungsgespräch nicht weiter thematisiert, und der Chefarzt hat ihr von sich aus angeboten, dass sie sich allein in einem extra Raum umziehen könne, falls sie dies wünsche.

Zainab macht sich gar nicht erst die Hoffnung, mit Kopftuch in Leipzig jemals eine qualifizierte Anstellung zu bekommen. Sie hat in Jena Wirtschaftswissenschaften studiert und sieht in ihrem Hochschulabschluss nun zumindest den Vorteil, den Kindern eine gut ausgebildete Mutter zu sein. Unzufrieden ist sie als Hausfrau deshalb nicht. »Ich bin Uigurin und komme aus der autonomen chinesischen Provinz Xinjiang. Uiguren sind in China eine verfolgte muslimische Minderheit. Wir können den Islam nicht frei praktizieren, geschweige denn bei der Arbeit Kopftuch tragen. Selbst das Fasten im Ramadan wird uns erschwert. In Deutschland kann ich zumindest in der Öffentlichkeit ungehindert Kopftuch tragen und meinen Glauben nach meinen Vorstellungen leben.«

In Leipzig hat Zainab eine Moscheegemeinde gefunden, in der sie sich ehrenamtlich engagiert. »Besonders jetzt im Ramadan bin ich viel in der Moschee beschäftigt. Ich fühle mich in der muslimischen Gemeinschaft aufgenommen, und mir wird, wie allen muslimischen Müttern hier, die Anerkennung entgegengebracht, die meiner Meinung nach jede Hausfrau bekommen sollte, die für ihre Familie da ist.«

Jung, motiviert und Ausbildung verpasst – Bildungsirrweg eines muslimischen Asylsuchenden

Vor dem Hintergrund des anschwellenden Stroms an jungen motivierten Migranten, die nicht nur ausschließlich Schutz und Asyl suchen, sondern auch Bildung und Arbeit, wird 2015 in Politik und Medien viel diskutiert, mit welchem Integrationskonzept der neuen Herausforderung am besten zu begegnen sei. Während anerkannte Flüchtlinge mit Aufenthaltserlaubnis auf eine Vielzahl an Aus- und Weiterbildungsangeboten zurückgreifen können, ist die derzeitige Rechtslage nach wie vor integrationshemmend für die ca. 100 000 Geduldeten in Deutschland, die aus humanitären Gründen auch auf absehbare Zeit nicht abgeschoben werden dürfen. Geduldete durften bisher zwar nach vier Jahren ein Studium oder eine Ausbildung aufnehmen, de facto scheitert dieser Bildungsweg aber an weiteren rechtlichen Erschwernissen. Die Asylrechtsreform vom Juli 2015 ermöglicht nun zumindest jungen Menschen ohne festen Aufenthaltsstatus, die über Jahre hinweg in Sechs-Monats-Intervallen geduldet werden, eine Ausbildung aufzunehmen, wenn sie das 21. Lebensjahr noch nicht vollendet haben.

Für Rajab kommt die Asylrechtsreform zu spät. Als er vor 15 Jahren in Deutschland ankam, hatte er noch ehrgeizige Pläne, wollte Deutsch lernen, das Abitur nachholen und studieren. Sein Traum war es, Arzt zu werden. Stattdessen fährt er jetzt seit einem Jahr Taxi – im Schichtbetrieb, vor allem nachts und an den Wochenenden. Das deutsche Bildungssystem hat ihm als Geduldeten keine realistische Chance gegeben: »Ich war mir sicher, dass ich das Studium hätte schaffen können.« Rajab zeigt seine Deutsch-Zertifikate: »Hier, nur Einsen und Zweien. Ich habe mich von Anfang an richtig angestrengt, dabei musste ich die Sprachschule selbst finanzieren. Ich hatte ja noch nicht einmal Anspruch auf einen regelfinanzierten Deutschkurs.« Rajab ist Taxifahrer geworden, weil er in Deutschland jahrelang weder die Schule besuchen noch eine Ausbildung absolvieren konnte. »Sie können sich kaum vorstellen, wie das ist, wenn man jung und motiviert ist, etwas anpacken möchte und stattdessen die Zeit damit verbringt, auf amtliche Briefe zu warten und so viel Energie dafür aufwenden muss, sein Recht zu bekommen«, klagt Rajab. »Ich kann nicht nur herumsitzen. Ich wollte doch vorwärts kommen. Stattdessen habe ich nur für Arbeitgeber arbeiten können, die meine prekäre rechtliche Lage nach Kräften ausgenutzt haben. Ich bin zwei Uhr morgens aufgestanden, um für zwölf Euro pro Schicht bei jedem Wetter nachts am Leipziger Bahnhof die Bild-Zeitung zu verkaufen!«

Die ungenutzte Zeit der Ungewissheit geht für viele mit psychischer Deprivation einher. Acht Jahre nach seiner Einreise ist Rajab gesundheitlich so schwer angeschlagen, dass er aufgrund eines psychiatrischen Gutachtens nach § 25 Abs. 5 AufenthG nicht mehr abgeschoben werden darf. Er bleibt geduldet, bezieht Hartz IV, das Arbeitsamt versucht ihn zu vermitteln. Für den langen Bildungsweg vom Abitur bis zum abgeschlossenen Studium ist es jetzt zu spät. Mittlerweile fehlt ihm dafür auch die Kraft und er bedauert es, den Asylantrag in Deutschland gestellt zu haben. »Wo stehe ich hier nach 15 Jahren? In Schweden hätte man mir wenigstens eine Chance gegeben, mein Abitur zu machen und zu studieren.« Was Rajab jetzt noch für Träume hat? »Ich werde ein paar Jahre Geld sparen für eine eigene Konzession, damit ich mich in Leipzig als Taxifahrer selbstständig machen kann.«

Rajab ist kein Einzelfall, denn die meisten Asylsuchenden sind deutlich älter als 21 Jahre, wenn sie in Deutschland ankommen, weil sie wertvolle Zeit in Krieg und Notsituationen verloren haben. Deshalb wird die deutsche Regierung ihre Integrationspolitik weiter anpassen müssen, damit die Kraft und Motivation dieser Menschen, im Arbeitsleben Fuß zu fassen, nicht weiter ungenutzt verpufft.

Im Vergleich zu Gesamtdeutschland leben in Sachsen wenige Muslime, und die meisten Muslime, die im Interview von ihren Bildungs- und Arbeitserfahrungen berichten, bekräftigen, in Sachsen gerne zu studieren oder zu arbeiten, auch wenn die Nachrichten über PEGIDA Beunruhigung auslösen. Ausgebildete Musliminnen mit Kopftuch können sich zudem auch vorstellen, außerhalb Sachsens einen Arbeitsplatz zu suchen, an dem ihre Kopfbedeckung nicht diskutiert werden muss. Männliche Muslime hingegen erzählen sogar von unerwarteten und überraschenden Gesten der Toleranz und Rücksichtnahme am Arbeitsplatz oder beim Studium. Während deutsche Muslime ihren Bildungsweg jedoch selbstbestimmt gehen können, und besonders Studenten, Wissenschaftlern und Hochqualifizierten in der sächsischen Bildungs- und Integrationspolitik ein hoher Stellenwert eingeräumt wird, sehen sich vor allem gering qualifizierte Migranten als Verlierer auf dem Arbeitsmarkt. Das Potenzial der hoch qualifizierten Migranten wird ebenso kaum genutzt. Wenn der Freistaat Sachsen seinen Leitprinzipien »Respekt, Toleranz und Achtung« im Zuwanderungs- und Integrationskonzept tatsächlich gerecht werden will, sollte er Zuwanderer nicht vorrangig anhand ihres ökonomischen Nutzwertes integrieren, sondern allen eine realistische Chance auf Bildung und Arbeit geben, die motiviert nach Sachsen kommen, um hier zu lernen, zu arbeiten und zu leben.

Zum Weiterlesen

- Haug, Sonja / Stichs, Anja: *Muslimisches Leben in Deutschland – Zahl der Muslime, Arbeitsmarktintegration, Soziale Integration*. In: Rohe, Mathias u. a. (Hg.): HCI, Bd. 1, Freiburg i. Breisgau 2014, S. 72–128.
- Risch, Wolfram / Vogel, Christian (Hg.): Migrantinnen und Migranten als selbstständige Wirtschaftsakteure in Sachsen: eine Analyse der lokalen Migrantenökonomie in den städtischen Ballungsgebieten. Chemnitz 2011.

1 Sächsisches Staatsministerium für Soziales und Verbraucherschutz – Referat Presse- und Öffentlichkeitsarbeit (Hg.): Respekt, Toleranz, Achtung. Sächsisches Zuwanderungs- und Integrationskonzept. Dresden 2012, publikationen.sachsen.de/bdb/artikel/14432 (17.09.2015).

2 Alle Namen geändert.

3 Risch, Wolfram / Vogel, Christian (Hg.): Migrantinnen und Migranten als selbstständige Wirtschaftsakteure in Sachsen. Eine Analyse der lokalen Migrantenökonomie in den städtischen Ballungsgebieten (Kurzfassung). Chemnitz 2011, migrasax.de/downloads/Studie_kurz_gesamt.pdf (17.09.2015).

4 Max-Planck-Gesellschaft: Plädoyer für weltoffenen Wissenschaftsstandort. Präsident Stratmann trifft Sachsens Ministerpräsident Stanislaw Tillich, 05.02.2015. In: Max-Planck-Gesellschaft – Archiv Politische Meldungen, www.mpg.de/weltoffen (17.09.2015).

Wenke Krestin

»Ein Verein ist eine Brücke«

»Es ist offenkundig, dass der Islam inzwischen unzweifelhaft zu Deutschland gehört«, verkündet die Bundeskanzlerin Angela Merkel zur Feierlichkeit des Fastenmonats Ramadan in Berlin am 30. Juni 2015. Nicht nur gehören der Islam und seine Gläubigen zu Deutschland und damit auch zu Sachsen, sondern muslimische Bürger gestalten seit Jahrzehnten aktiv die Zivilgesellschaft mit. Dies tun sie individuell wie In Am Sayad Mahmood (siehe Beitrag von S. Liesche) oder als ehrenamtliche Mitglieder von eingetragenen Vereinen.

In diesem Beitrag rückt das zivile Engagement von Migranten aus arabischen und islamischen Ländern, welches in Vereinen organisiert ist, in den Blick. Dabei sind zwei Aspekte wichtig. Erstens, nicht alle Migranten aus der arabisch-islamischen Welt sind Muslime, so gibt es beispielsweise irakische Christen und kurdische Jesiden. Diese engagieren sich in Vereinen gemeinsam mit Muslimen. Damit verbunden ist der zweite Aspekt: »Sehr viele Themen und Probleme, die den muslimischen Migranten betreffen, werden religionszentriert diskutiert.«[1] D. h., ein Muslim wird in der öffentlichen Diskussion auf seine Religionszugehörigkeit beschränkt. Nun ist aber ein Muslim auch Iraker oder Algerier, Mann oder Frau, Kurde oder Araber, Student oder Selbstständiger, Leipziger oder Dresdner. Dies spiegelt sich auch in den unterschiedlichen Vereinen wider, welche Migranten und Muslime gründen. Um das gesamte Spektrum des ehrenamtlichen Engagements zu erfassen, habe ich mit Mitgliedern und Vorständen verschiedener Leipziger und Dresdner Vereine gesprochen:[2] mit den national ausgerichteten Vereinen, dem El-Iraker-Treff und der Deutsch-Algerischen Gesellschaft in Sachsen mit Sitz in Leipzig; mit einem ethnisch ausgerichteten, dem Verein Deutsch-Kurdische Begegnungen in Dresden; einem religiös ausgerichteten Verein, dem Islamischen Zentrum in Dresden, und einem beruflich ausgerichteten Verein, der Vereinigung Arabischer Studenten und Akademiker (VASA) aus Leipzig. So möchte ich der Frage nachgehen, auf welche Weise diese Vereine, deren Mitglieder mehrheitlich aus arabischen und islamischen Ländern stammen, unsere Zivilgesellschaft in Sachsen bereichern.

Junge sächsische Vereine

Die Vereine in Sachsen sind wesentlich jünger als in den alten Bundesländern. In der DDR war es Ausländern ebenso wie

Staatsbürgern nicht gestattet, Vereine zu gründen. Deshalb sind die meisten Vereine in Sachsen erst in der Nachwendezeit entstanden.

Die Soziologin Kindelberger[3] beobachtet in Brandenburg, dass aufgrund geringer Migrantenzahlen sowie fehlender Sprach- oder Rechtskenntnisse Migranten keine eigenen Vereine gründen, sondern sich eher in von Deutschen gegründeten Vereinen integrierten. Dies kann für Dresden und Leipzig nicht bestätigt werden. Vielmehr festigten hier Migranten durch eine Vereinsgründung bereits bestehende persönliche Bindungen. Bei einigen Vereinen, wie dem Verein Deutsch-Kurdische Begegnungen, stammen diese Beziehungen aus der Nachwendezeit. Bei anderen reichen sie bis in die DDR-Zeiten zurück.

> »Sie [die Iraker] wussten [nach der Wende] nicht, was kommen wird. Werden sie Deutsche? Werden sie entlassen? Da war die Idee, einen Zusammenhalt zu gründen. Und zwar haben wir angefangen uns einmal jede Woche zu treffen. Nicht nur die Leipziger, sondern aus Sachsen, Dresden, Leipzig, auch Halle. Und so haben wir uns jeden Freitag getroffen. Und da gab es immer ein Thema, über das diskutiert wurde. Und so wollten wir die freundschaftlichen Beziehungen halten. Dann haben wir einen Verein gebildet. [...] Am Anfang haben wir auch Unterstützung bekommen, Geld vom Staat. Aber nach und nach ist das weniger geworden und zurzeit gar nicht mehr [...]« (Mitglied, El-Iraker-Treff, 14.08.2015).

Deutlich wird, dass die Kommunen die Vereine in der Vergangenheit durch finanzielle Mittel unterstützten. Heute ist das nicht mehr der Fall. Alle Vereine, die ich kennengelernt habe, finanzieren sich derzeit ausschließlich durch Spenden.

Die Vereine schaffen einen sozialen Raum

Alle Vereine dienen als Ort, sich mit anderen zu treffen, Freundschaften zu knüpfen und zu pflegen. Auch heute noch, 22 Jahre nach der Gründung des Vereins, treffen sich jeden Freitag Mitglieder aus dem El-Iraker-Treff, um zu diskutieren, ein Bier oder einen Tee zu trinken und das nächste gemeinsame Fest oder die nächste gemeinsame Städtereise vorzubereiten. Mitunter ist das Schaffen dieses Begegnungsraumes für Migranten ein Grund für die Gründung eines Vereins.

> »Obwohl wir seit 30, 40 Jahren hier sind, sind wir immer Flüchtlinge für die Deutschen. Wir finden die Wärme nicht. Wir haben uns einsam gefühlt. Und durch den Verein können wir uns untereinander helfen und Menschlichkeit herstellen. [...] Wir sind keine Hartz-IV-Empfänger, wir sind alles selbstständige Leute. Und werden trotzdem wie Asylanten behandelt. Wir brauchen einfach ein Haus, wo

wir uns mal treffen können. Vernünftige Kurden, vernünftige Deutsche, vernünftige andere Nationen. Der Verein war nötig für uns« (Vorstand, Verein Deutsch-Kurdischer Begegnungen, 07.08.2015).

Seit der Gründung des kurdischen Vereins im Februar 2015 haben sich viele kurdische Familien untereinander kennengelernt und angefreundet. Dabei sind die Vereinsmitglieder auch immer Ansprechpartner bei Problemen und Stütze in schwierigen Zeiten. So helfen sowohl religiöse Vereine wie das Islamische Zentrum als auch nichtreligiöse Vereine wie die Deutsch-Algerische Gesellschaft bei der Organisation von Beerdigungen.[4]

Die Vereinsmitglieder helfen sich nicht nur gegenseitig, es wird auch miteinander gefeiert. Geburtstage, der Erste Mai, der Internationale Frauen- und Kindertag, nationale und kurdische Feiertage sowie religiöse Festlichkeiten, wie das Fastenbrechen am Ende des Fastenmonats Ramadan, werden in den Vereinen gefeiert; auch wenn es sich ausdrücklich um nichtreligiöse Vereine handelt. Religion und Kultur sind eng miteinander verbunden und ursprünglich religiöse Feste, wie das Opferfest im Islam oder das Weihnachtsfest im Christentum, werden Teil des kulturellen Erbes. Das gemeinsame Feiern ist wichtig für eine Gemeinschaft und für die Identität ihrer Mitglieder. So spielt auch das Pflegen und Weitergeben der eigenen Traditionen eine Rolle in den Vereinen. Deshalb wird auf den Feierlichkeiten Musik aus den Herkunftsländern und -regionen gespielt und es gibt arabische und kurdische Sprachkurse für Kinder.

»Für die Kinder geben wir auch Arabischunterricht, weil wir wollen, dass die Kinder zweisprachig aufwachsen. Sie sollen Deutsch sprechen, aber es ist besser, wenn sie die Muttersprache nicht vergessen. Wir wollen, dass sie ein Stück Identität behalten. Weil es schade ist, wenn ein Kind aufwächst und die Sprache nicht mehr beherrscht. [...] Das ist ein Stück Erbe, das wollen wir behalten« (Vorstand, Islamisches Zentrum Dresden, 31.08.2015).

Gemeinschaftsleben findet nicht ausschließlich in religiösen Vereinen statt. Zudem ist es nicht auf den Aspekt des Betens begrenzt. Nur das Islamische Zentrum in Dresden als ausdrücklich religiöser Verein bietet seinen Mitgliedern einen Ort zum Beten. Jedoch wird auch in den islamischen Vereinen Gemeinschaftsleben weit über den Aspekt des Betens hinaus gelebt (siehe Beitrag von U. Noack). Religion wird von allen Gesprächspartnern als etwas Privates betrachtet, das für das Miteinander in den Vereinen keine Rolle spielt. Alle Vereine schaffen einen sozialen Raum, in welchem religiöse und kulturelle Aspekte miteinander verwoben sind und in dem die Mitglieder die Möglichkeit haben, ihre eigene Identität und Sozialität ungezwungen, ohne Anfeindungen und Rechtfertigungen auszuleben.

Die Vereine gestalten Integration

In diesem sozialen Raum, diesem Ort der Begegnungen, teilen die Mitglieder nicht nur schwierige und schöne Zeiten, sie helfen sich und anderen auch dabei, Alltagsprobleme zu bewältigen. Der VASA unterstützt beispielsweise ausländische Studenten – kurdische, afrikanische, asiatische und arabische – beim Ankommen und beim Studienalltag an der Universität Leipzig. In allen Vereinen leisten die Mitglieder praktische Integrationshilfe: Man hilft beim Ausfüllen von Formularen, begleitet einander zu Behörden oder zum Arzt und organisiert Nachhilfe für Schulkinder. Alle Gesprächspartner betonen, dass es für eine erfolgreiche Integration und Teilhabe am Leben in Deutschland wichtig ist, Deutsch zu können. So unterstützen alle Vereine Mitglieder, Migranten und Geflüchtete beim Deutschlernen, indem sie entweder Deutschkurse vermitteln oder diese direkt in ihren Räumlichkeiten anbieten. Sie alle können diese Hilfsangebote nutzen. Wer Hilfe braucht, dem wird geholfen: Religion, Nationalität und Herkunft spielen dabei keine Rolle.

> »Wenn jemand fragt, dürfen nur Muslime bei dir Mitglieder sein? Ich sage, nein. Hilfst du nur Muslimen? Ich sage, nein. Ich bin kein gläubiger Mensch, wenn ich nicht an den Menschen glaube« (Vorstand, Deutsch-Algerische Gesellschaft in Sachsen, 29.08.2015).

Zusätzlich reagieren die Mitglieder der Vereine im Sommer 2015 auf die unmenschlichen Bedingungen in den Erstaufnahmelagern in Dresden und Leipzig.

> »Wir haben gehört, dass das Flüchtlingslager da ist und dass sie von Rechtsradikalen angegriffen worden sind. Da haben die Mitglieder beschlossen, sie gehen erstmal rein ins Zeltlager und schauen wo sie helfen können, mindestens mit der Sprache. [...] Da sind wir reingegangen. Das war für mich eine Schande, um ehrlich zu sein. Es war so ein großes Chaos. Separate Duschen sind da, aber kein warmes Wasser. [...] Sie [die Geflüchteten] haben mir erzählt, dass sie mit kaltem Wasser geduscht haben und dann die gleichen Klamotten wieder angezogen haben. [...] Da haben wir am gleichen Abend alle unsere Kontakte angerufen. Und wer was hat, soll es einfach in den Verein bringen. Am nächsten Tag haben wir groß gekocht. Hier war alles voll mit Klamotten. Um die 80 Personen [Geflüchtete] waren hier, haben gegessen und Tee getrunken. Die Frauen haben wir mit nach Hause genommen. Die haben sich erstmal richtig geduscht, gebadet. Auch die Männer. In der Männertoilette haben wir eine kleine Dusche, da haben die Männer geduscht« (Vorstand, Verein Deutsch-Kurdische Begegnungen, 07.08.2015).

> »Was wir jetzt gerade konkret machen, ist, dass wir den Flüchtlingen unsere Räume zur Verfügung stellen. Das heißt also, wenn sie einen Moment der Ruhe und in gewisser Weise auch der Intimsphäre brauchen, dann können sie das bei uns finden. Es sind bei uns jetzt wirklich den ganzen Tag über Flüchtlinge da, die beten, zur Einkehr kommen. Wir stellen ihnen auch Verteilerdosen zur Verfügung, damit sie online sein können und ihre Handys nutzen können […]« (Mitglied, Islamisches Zentrum Dresden, 02.09.2015).

Die Vereinsmitglieder dolmetschen in den Erstaufnahmelagern, sammeln Spenden, bringen Kranke zum Arzt und schaffen Rückzugsräume und Privatsphäre für Menschen, die in Massenunterkünften leben, indem sie ihre Vereinsräume für sie öffnen. Durch ihre Mehrsprachigkeit helfen sie Sprachbarrieren zu überwinden und sind Mittler, die das Ankommen in Sachsen für Neuankömmlinge erleichtern. Viele Vereinsmitglieder leisten Integrationsarbeit, indem sie sich kontinuierlich dafür einsetzen, Alltagsprobleme zu lösen und bürokratische Hürden für andere Mitglieder, Migranten und Geflüchtete abzubauen. Dabei unterstützen sie nicht nur Migranten und Geflüchtete, sondern auch den deutschen Staat, indem sie teilweise staatliche Aufgaben wie die Versorgung von Geflüchteten übernehmen oder die Verständigung zwischen den Mitarbeitern der Ämter und den Migranten und Geflüchteten gewährleisten.

Die Vereine begegnen der Mehrheitsgesellschaft

Die Vereine und ihre Mitglieder beschäftigten sich jedoch nicht nur mit sich selbst und ihren Belangen. Sie sind hochgradig mit anderen Vereinen, Parteien und kommunalen Ämtern vernetzt und interagieren mit ihnen und der Mehrheitsgesellschaft auf vielfältige Weise. Sie organisieren Kultur- oder Informationsveranstaltungen, um auf sich und ihre Kultur aufmerksam zu machen und mit der Mehrheitsgesellschaft in Kontakt zu treten: Der El-Iraker-Treff organisiert zum Beispiel Kultur- und Jugendveranstaltungen im Rabet Leipzig. Das Islamische Zentrum organisiert u. a. gemeinsam mit dem Ökumenischen Zentrum interreligiöse Diskussionen zu verschiedenen Themen. Der Verein der Deutsch-Kurdischen Begegnungen hat ein Konzert mit der Sächsischen Staatskapelle Dresden veranstaltet. Aber auch auf aktuelle Ereignisse und Themen reagieren die Vereine, so auf die islamfeindlichen und rechtsnationalistischen Demonstrationen von LEGIDA und PEGIDA sowie auf Islamfeindlichkeit seitens deutscher Medien oder der Mehrheitsgesellschaft. Ebenso wie Integration ist es auch eine gesamtgesellschaftliche Aufgabe sich mit Stereotypen und Rassismus auseinanderzusetzen und gegen sie anzukämpfen.

> »Man kann nicht zu jedem hingehen. Das ist nicht machbar. Wer aber Kontakt will, kann ihn finden. Wir können nicht zu [...] einzelnen Leuten auf der Straße gehen und sagen: ›Wir sind Muslime und wir sind soundso.‹ Nein, so funktioniert das nicht. Was wir machen, wir arbeiten mit Schulen. Das ist sehr gut. Wenn man in Schulen arbeitet, arbeitet man mit Schülern. Dadurch kann man auch die Eltern dieser Schüler erreichen« (Vorstand, Islamisches Zentrum Dresden, 31.08.2015).

> »Die mit negativen Stigmata belasteten Gruppen, wie Muslime, Sinti und Roma, Geflüchtete, Homosexuelle etc., können nicht selbstständig gegen diese negativen Stereotypen vorgehen. Dies muss eine gesamtgesellschaftliche Aufgabe sein. Dazu ist Vertrauen nötig und dieses muss erarbeitet werden. Die üblichen Kommunikationswege, wie Internet, haben eine permanente Infragestellung zur Folge. Deshalb kann eine Professionalisierung des Onlineauftrittes und der Onlinekommunikation das Problem nicht lösen, sondern es müssen persönliche Kontakte hergestellt werden. Diese Kontakte müssen Erfahrungswerte vermitteln und keine abstrakten Informationen über den Islam oder die Muslime« (Mitglied, Islamisches Zentrum Dresden, 02.09.2015).

Die Vereine sorgen für vielfältige Möglichkeiten des Sich-Treffens und Sich-Kennenlernens. Die Kontakte finden einerseits auf persönlicher Ebene statt, wenn die Vereinsmitglieder z. B. Nachbarn, Freunde und Kollegen zu ihren Veranstaltungen und Feierlichkeiten einladen.

> »Ich habe oft [auf Festen] gesehen, dass die Leute einen Abstand hatten. Aber wenn sie ins Gespräch kommen, dann sitzen sie nebeneinander. Das ist wichtig für mich. Wenn sie nebeneinander sitzen, heißt das, sie sehen sich als gleich an. Und hier fängt der Kontakt an, hier fängt ein Gespräch an, hier fängt man an, Probleme zu lösen« (Vorstand, Deutsch-Algerische Gesellschaft in Sachsen, 29.08.2015).

Andererseits kommt es auch durch die Teilnahme der Vereine an Stadt- und Stadtteilfesten sowie an interkulturellen und interreligiösen Veranstaltungen zu einem Austausch. So hat der VASA bei den Interkulturellen Wochen einen Stand, an dem Interessierte die arabische Kalligrafie üben können. Der Verein der Deutsch-Kurdischen Begegnungen hat mit den Bewohnern des Stadtteils Pieschen in Dresden zusammen auf dem Stadtteilfest musiziert und getanzt. Und das Islamische Zentrum Dresden öffnet seine Türen und bietet Moscheeführungen für Schulklassen, interessierte Bürger und Staatsangestellte an, damit sie die Lebenswirklichkeit von Muslimen in Sachsen erleben können. Letztendlich hängt der Erfolg dieser Projekte auch von der

Mehrheitsgesellschaft ab. Denn die Interaktion und das Zusammenleben sind wie eine Brücke und

> »Eine Brücke kann man nicht nur von einer Seite bauen. Man braucht zwei Seiten. Und diese zwei Seiten müssen parallel arbeiten. Damit wir nicht dazwischen ein Loch haben« (Vorstand, Deutsch-Algerische Gesellschaft in Sachsen, 29. 08. 2015).

Es ist nötig, dass mehr Leute Brücken bauen. Ein Versäumen führt zu Diskriminierungen und Anfeindungen gegen Mitmenschen.

> »Durch die Worte Ausländer, Flüchtlinge, Muslime ... man ist kein Mensch mehr, man wird in eine Kategorie gesteckt. Wenn man sich als Mensch sieht, hat man vielleicht weniger Probleme. Flüchtlinge, Flüchtlinge, Muslime, Muslime. Diese Worte prägen sich ein. Da vergisst man auf einmal, dass der andere auch ein Mensch ist. [...] Das ist gefährlich« (Vorstand, Verein Deutsch-Kurdische Begegnungen, 07. 08. 2015).

Die Vereine und ihre Mitglieder sind ein wichtiger Teil unserer Gesellschaft. Sie sind auf drei Ebenen aktiv: Sie schaffen einen sozialen Raum für ihre Mitglieder. Außerdem leisten sie durch ihre Mittlerposition Integrationsarbeit und bieten eine wichtige Anlaufstelle für Migranten und Geflüchtete. Nicht zuletzt treiben die Vereine durch ihre Vernetzung mit anderen zivilgesellschaftlichen und politischen Akteuren ebenso wie durch ihre Projekte den interkulturellen und interreligiösen Dialog voran. Sie eröffnen Räume und Möglichkeiten für Migranten, Geflüchtete und die Mehrheitsgesellschaft miteinander in Kontakt zu treten, sich kennenzulernen, einander als Individuen wahrzunehmen und durch die Begegnung Vorurteile und Ängste abzubauen.

Zum Weiterlesen

- Düsener, Kathrin: Integration durch Engagement? Migrantinnen und Migranten auf der Suche nach Inklusion. Bielefeld 2010.
- Weiss, Karin / Thränhardt, Dietrich (Hg.): SelbstHilfe. Wie Migranten Netzwerke knüpfen und soziales Kapital schaffen. Freiburg i. Breisgau 2005.

1 Köktaş, M. Emin / Kurt, Hüseyin: *Integration ohne Anerkennung? Die Zukunft der Muslime in Deutschland*. In: Ucar, Bülent (Hg.): Die Rolle der Religion im Integrationsprozess. Die deutsche Islamdebatte. Frankfurt a. Main 2010, S. 437.

2 Die Interviews fanden zwischen August und September 2015 mit Mitgliedern und Vorständen der aufgezählten Vereine statt.

3 Kindelberger, Hala: *Selbsthilfe und Ausländerbeiräte in den neuen Bundesländern*. In: Weiss, Karin / Thränhardt, Dietrich (Hg.): SelbstHilfe. Wie Migranten Netzwerke knüpfen und soziales Kapital schaffen. Freiburg i. Breisgau 2005, S. 164–183. Zur Einwanderung in der DDR siehe Beitrag von M. Hakenberg und V. Klemm.

4 Zu Beerdigungen von Muslimen siehe Beitrag von M. Zabel.

Sabine Liesche

Der Sächsische Integrationspreis

Vereine als Akteure der Integration

Erst seit den 1960er Jahren gibt es in Deutschland eine größere muslimische Minderheit.[1] Dadurch stehen Gesellschaft, Gesetzgebung, Rechtsprechung wie auch Verwaltungspraxis vor neuen Herausforderungen. Zudem dient der Islam als Lückenfüller für Feindbilder, die nach dem Zusammenbruch der Sowjetunion obsolet wurden.[2] Dieses Feindbild wird von Bewegungen wie PEGIDA genutzt und gestärkt, wobei Muslime häufig pauschal als Migranten betrachtet werden. Dabei wird vernachlässigt, dass Muslime immer häufiger deutsche Staatsbürger sind – mit allen Rechten und Pflichten. Auch muslimische Anliegen müssen damit mehr Beachtung finden, denn Muslime wirken am politischen Meinungs- und Willensbildungsprozess mit. Muslime – seien sie Staatsbürger, Migranten oder Flüchtlinge – leben und arbeiten in Deutschland. Darauf muss sich die Mehrheitsgesellschaft einstellen. Aufgrund der in vielen mehrheitlich muslimischen Ländern unsicheren Situation werden steigende Flüchtlingszahlen auch den religiösen Anteil der Herkunftsländer widerspiegeln.

Das Bundesministerium des Inneren (BMI) definiert, dass »gelungene Integration bedeutet, sich einer Gemeinschaft zugehörig zu fühlen. Sie bedeutet die Entwicklung eines gemeinsamen Verständnisses, wie man in der Gesellschaft zusammenlebt. Zuwanderung kann deshalb nur als wechselseitiger Prozess gelingen. Sie setzt die Aufnahmebereitschaft der Mehrheitsgesellschaft voraus – wie auch die Bereitschaft der Zugewanderten, die Regeln des Aufnahmelandes zu respektieren und sich um die eigene Integration zu bemühen.«[3] Es ist also nicht nur Aufgabe des Zugewanderten, sich zu integrieren, sondern auch die der Mehrheitsgesellschaft, ihm dabei Unterstützung zu bieten. Es gibt bereits viele Einzelpersonen, Netzwerke und Vereine, die Angebote oder Hilfestellungen bei der Integration von Zuwanderern bieten. Um diese Bemühungen anzuerkennen und zu unterstützen, wurde in Sachsen 2009 der Sächsische Integrationspreis[4] ins Leben gerufen. Der Preis wurde vom Sächsischen Ausländerbeauftragten und der Sächsischen Staatsministerin für Soziales und Verbraucherschutz initiiert und vergeben. Ab dem Jahr 2015 übernimmt das neu geschaffene Staatsministerium für Gleichstellung und Integration unter der Ministerin Petra Köpping die Verantwortung für den Preis.

Nach einer einjährigen Zwangspause, welche sich aus Umstrukturierungen nach der Regierungsbildung erklärt, ist im Dezember 2015 der Plenarsaal des Sächsischen Landtages wieder die Bühne, auf der die Integrationsbemühungen dreier Projekte, Vereine oder Personen honoriert werden. »[F]ür die Vereinslandschaft war das immer ein Preis mit einer hohen Reputation«, stellt der Leiter des Geschäftsbereichs Gleichstellung und Integration, Sebastian Vogel (Interview am 21. 07. 2015), fest, der selbst jahrelang im Vereinswesen tätig war.

Es gibt keine vollständigen Angaben darüber, wie viele Vereine oder Projekte in Sachsen sich mit Integration auseinandersetzen. Auch hier hilft die Ausschreibung des Sächsischen Integrationspreises, denn über die Bewerbungen und Vorschläge, die bisher immer mit einer Kurzbeschreibung der Projekte einhergingen, kann das Ministerium zusätzlich auf Programme aufmerksam werden, die sonst durch Hörensagen und Netzwerke nicht bekannt waren. Eine Jury beurteilt dann, so Sebastian Vogel, »[...] was gute Beispiele sind, die man mit dem Integrationspreis nochmal hervorheben kann.« Diese Jury besteht aus dem Ausländerbeauftragten, der Staatsministerin und den letzten Preisträgern. Dadurch wird gewährleistet, dass wechselnde Personen über die Vergabe entscheiden. Durch die Einbeziehung der Preisträger bleibt die Entscheidung nicht ausschließlich staatlichen Repräsentanten überlassen. Bei der Beurteilung spielen vor allem Innovation und Nachhaltigkeit eine Rolle. Zudem werden jährlich Schwerpunkte auf bestimmte Aspekte gelegt. »Wichtig ist immer, das war mein Eindruck, dass es weniger darum geht, eine Institution zu prämieren, sondern dass es das Projekt oder die Maßnahme ist, die prämiert werden sollte, weil sie gute Erfolge zeigt oder weil sie einen neuen Ansatz hat«, so Vogel.

Insbesondere muslimische Gruppen haben nach Einschätzung Vogels in Sachsen zunächst eine in sich gekehrte kulturelle Arbeit geleistet. Erst in den letzten Jahren hätten sich diese nach außen geöffnet und Kontakte zu anderen Vereinen aufgebaut. Wahrnehmbar wurde diese Kommunikation nach außen insbesondere nach dem Mord an Marwa El-Sherbini im Jahr 2009. Der islamfeindliche und rassistische Hintergrund der Tat hat insbesondere in Dresden dazu geführt, dass islamische Vereine und Gruppen vermehrt ihre Häuser öffnen. Mit eigenen Standorten und der regen Teilnahme an Veranstaltungen wie dem Tag der offenen Moschee am 3. Oktober haben sich viele islamische Vereine selbst zu Integrationsakteuren entwickelt. »Aber den Status, den sie jetzt haben, haben sie nicht schon seit zehn Jahren, sondern dieses Selbstverständnis haben sie auch erst in den letzten paar Jahren entwickelt«, bewertet Vogel.

Denn auch wenn islamische Organisationen in der breiten Gesellschaft noch als Migrantenvereine wahrgenommen werden, verliert sich bei vielen der starke Bezug auf die Heimatländer.[5] Dafür bildet sich ein vermehrtes Interesse an der Gestaltung des lokalen Umfeldes heraus und der Wunsch nach Mitsprache – sowohl auf landes- als auch bundespolitischer Ebene. Die zunehmende Orientierung auf Deutschland führt dazu, dass Muslime politisch und medial stärker wahrgenommen werden, was jedoch teils zu Ängsten vor vermehrter Einflussnahme in der Mehrheitsbevölkerung führt. Bewegungen wie PEGIDA bieten hier eine Plattform für Fremdenhass und Islamfeindlichkeit.

Für das Staatsministerium für Gleichstellung und Integration bewirkten die Demonstrationen von PEGIDA und die zunehmenden Angriffe auf Flüchtlingsheime, dass viele der geplanten Integrationsmaßnahmen schneller starteten und auch parallel begannen. Die Schaffung eines Integrationsministeriums wird nun von niemandem mehr infrage gestellt, auch wenn Vogel kritisch feststellt: »Wir führen eigentlich keine Integrationsdebatte, sondern führen gerade eine reine Debatte, warum und ob Leute überhaupt herkommen. Eine Frage, die mit dem Grundgesetz relativ schnell zu beantworten ist.« Nicht nur PEGIDA-Anhänger machen ihren Standpunkt deutlich, im Ministerium laufen auch vermehrt Anfragen und Angebote von Hilfswilligen ein. Vogel ist der Meinung, dass die Mehrheitsgesellschaft ihren Beitrag leisten muss, denn untergebrachte Flüchtlinge lebten immer in einer Umgebung. Deshalb seien zwei Punkte wichtig: »[...] gute Politik für die Betroffenen als auch gute Kommunikation mit den Menschen drumherum [...]«. Die Flüchtlinge, die bleiben dürfen, hätten ein Anrecht darauf und dann ist es Aufgabe der Politik und der Gesellschaft, ihnen das Ankommen und Leben in Deutschland zu erleichtern.

Definiertes Ziel des Sächsischen Staatsministeriums für Gleichstellung und Integration ist eine inklusive Gesellschaft. Der Weg dorthin ist nur durch Integration möglich, den »Prozess, der dazu führt, dass wir Menschen die gleichen Möglichkeiten zur Teilhabe am gesellschaftlichen und politischen Leben haben. [...] Wenn wir natürlich ein Integrationsziel haben, das heißt Menschen in diese bestehende Gesellschaft reinzubringen – also ein Begriff von Assimilation – dann beschreibe ich einen völlig anderen Prozess« (Vogel). Vielen Menschen ist dies jedoch nicht klar und sie erwarten, dass sich trotz der Ankunft und dem Einleben von Flüchtlingen und Migranten, seien sie islamischen Glaubens oder nicht, nichts verändert. Daher sieht Vogel weniger Herausforderungen für Muslime und Migranten, sondern vielmehr für die Mehrheitsgesellschaft, Muslime und Migranten zu akzeptieren. Hierbei hilft nur, über Migranten und den Islam zu informieren. In Dresden arbeitet dafür auch die Sozialarbeiterin In Am Sayad Mahmood, die sich zusätzlich im islamisch-christlichen Dialog engagiert. Sie hat bereits zahlreiche Vorträge gehalten über Themen, die von der Rolle der Frau im Islam über Dschihad bis hin zu aktuellen Phänomenen wie dem Islamischen Staat reichen.

Ursprünglich stammt In Am Sayad Mahmood aus dem Irak und arbeitete als Elektroingenieurin an der Universität Bagdad. Sie musste aufgrund des sozialen Engagements ihres Mannes mit ihrer Familie flüchten. Mahmood hat am eigenen Leib erfahren, wie schwierig und kompliziert das Leben als Migrant in Deutschland ist. Nachdem sie verschiedene Weiterbildungsmaßnahmen durchlaufen hat, ist Mahmood seit 2003 beim Ökumenischen Informationszentrum als Bildungsreferentin für christlich-islamischen Dialog tätig und arbeitet seit 2011 als Sozialarbeiterin für erwachsene Migranten. Sie ist ehrenamtliche Vorsitzende des Ausländerrats, eines Vereins, der die Interessen von Menschen mit Migrationshintergrund vertritt. Mahmood gibt zudem Religionskurse an der Jugendvollzugsanstalt Dresden und ist im Gemeindedolmetscherdienst tätig. Für ihr Engagement hat sie nicht nur 2013 den Sächsischen Integrationspreis erhalten, sondern ein Jahr später auch das Bundesverdienstkreuz. Geehrt wurde sie für ihren unermüdlichen Einsatz im interreligiösen Dialog und ihre Bemühungen bei der Integration von Migranten. »Integration ist aus meiner Sicht kein Zustand, sondern ein Prozess. [...] Dass wir Menschen die Fähigkeit haben mit Neuerungen und Veränderungen klarzukommen, das ist Integration« (Mahmood, Interview am 21.07.2015). Für Mahmood sind es überflüssige Sätze, wenn gesagt wird, der Islam gehöre zu Deutschland bzw. er tue das nicht. Gegenseitiger Respekt der Menschen untereinander ist ihr wichtig. Wenn Menschen ungeachtet ihrer religiösen Angehörigkeit genauso behandelt werden wie alle anderen – das sei Anerkennung und »[...] Signal für beide, sowohl für die Bevölkerung in Deutschland als auch für Migranten, die herkommen.« So sieht Mahmood nicht nur Migranten in der Pflicht, ihren Beitrag zur Integration zu leisten, sondern auch die Alteingesessenen sind wichtige Akteure für die Integration. Hierbei leistet PEGIDA einen traurigen Beitrag: Da sich das Büro Mahmoods in der Dresdner Innenstadt befindet, trauten sich einige ihrer Klienten nicht zu Terminen bei ihr oder verließen Dresden sogar. Mahmood wurde häufiger von Beschimpfungen und Angriffen, z. B. von einer Muslimin, der das Kopftuch heruntergerissen wurde, berichtet.

In der Debatte um Flüchtlinge und Muslime ist es Mahmood wichtig herauszustellen: »Nicht alle Migranten, die hierher kommen, sind Muslime. Und gleichzeitig sind auch nicht alle Muslime Migranten.« Um einander zu verstehen und zu respektieren ist ihr deshalb interreligiöser Dialog sehr wichtig. In dieser Hinsicht haben die Demonstrationen von PEGIDA viele Menschen für das Thema Islam sensibilisiert. Es gebe inzwischen mehr Anerkennung für den Islam, was Mahmood darin sieht, dass erstmals das Gebet zum *ʿId al-Fitr*, dem Fest des Fastenbrechens, live im Fernsehen übertragen wurde. Es ist ihr wichtig, in einem Land zu leben »[...] wo alle Menschen ihre Religion ausleben können und die gleichen Rechte und Freiheiten haben«.

Auch bei einem weiteren Gewinner des Sächsischen Integrationspreises spielt Religion eine untergeordnete Rolle: Das Projekt Interkulturelle Familienbildung (IFABI) ist am Mütterzentrum Leipzig e.V. angesiedelt und auf drei Jahre angelegt. Das Projekt unterstützt Familien, bei denen mindestens ein Partner ursprünglich aus dem Ausland stammt, außerfamiliäre Unterstützungsnetzwerke aufzubauen. Dies geschieht durch Krabbel- und Spieltreffs sowie kulturelle Bildungsangebote, die sich insbesondere an die Kinder richten, aber die Eltern explizit mit einbinden. Die unterschiedlichen Kulturen spiegeln sich in Spielsachen und Büchern wider, aber auch im Liedergut. So kommt jeder in die Situation, eine Sprache nicht zu verstehen. Die Leiterinnen des Projekts, Franziska El Makhloufi und Stefanie Ackermann, verstehen sich als Ansprechpartner für die Fragen von Familien mit Migrationserfahrungen, die sich für diese im Zusammenleben in Deutschland ergeben. Dabei kümmern sie sich auch um den Partner, der nicht in seiner ursprünglichen kulturellen Umwelt ist, und dessen Sorgen. Beispielsweise wie das Kind die Verbindung zur anderen Kultur halten kann oder wie die Zweisprachigkeit am besten in den Alltag integriert werden kann.

Innerhalb der Gruppen treffen unterschiedliche Erfahrungen und Lebensentwürfe aufeinander, gemeinsam ist den Besuchern jedoch die aktuelle Erfahrung des Elternseins. Die Leiterinnen lassen die Teilnehmer weitestgehend selbst moderieren und halten dazu an, sich direkt miteinander auseinanderzusetzen. »Wer zu uns kommt – dadurch, dass es so heterogen ist – muss in seiner Religiosität einfach aushalten, dass es neben ihm Menschen gibt, die eine ganz andere Religion haben und andere Gewohnheiten [...] Es gibt Menschen, für die ihre Religion ein ganz wichtiger Bestandteil ist, aber sie müssen wiederum so tolerant sein, dass sie das für sich nicht [als] bedrohlich empfinden oder als unangenehm, mit anderen Lebensweisen unmittelbar zu tun zu haben« (IFABI, Interview am 23.07.2015). Auch auf Familien mit Migrationserfahrung haben sich die Demonstrationen von PEGIDA, bzw. in Leipzig LEGIDA, ausgewirkt. Einige Besucher haben »[...] geäußert, dass sie Angst haben« (IFABI), und besonders für Familien, die aus Kriegsgebieten kommen, sind das erhöhte Polizeiaufgebot und die zeitweise kreisenden Hubschrauber schwer einzuordnen.

»Wir haben schon mitbekommen, dass es seit dem letzten Jahr auch Pöbeleien [...] gibt« (IFABI). Beispielsweise wurde eine Frau mit Kopftuch in der Straßenbahn beschimpft und belästigt. In den vier Häusern des Mütterzentrums in Plagwitz, Paunsdorf, Grünau und Thekla tauchen mitunter Aussagen auf, die eindeutig »PEGIDA-Sprech« sind. Ackermann und El Makhloufi haben es sich zur Aufgabe gemacht, darauf zu reagieren und eine andere Perspektive ins Gespräch einzubringen.

Bei IFABI sieht man Integration ebenfalls als wechselseitigen Prozess, »[...] der einerseits von der deutschen Gesellschaft stark geprägt wird und auf der anderen Seite von dem, der hier ankommt mit seiner Bereitschaft, sich einzubringen, gesteuert wird.« Integration suggeriere vielen noch, dass es etwas Bestehendes gibt, in das sich die Ankommenden einfügen müssten. Doch dadurch, dass Menschen ankommen, verändere sich das, wohin sie ankommen. Die bikulturellen Familiensituationen seien bereits »das gelebte Neue«.

So versucht IFABI, Ängste abzubauen. Ängste vor dem Neuen, vor Veränderungen, vor anderem Essen, vor anderer Kleidung und vor Namen, die schwer auszusprechen sind. Sie verweisen dabei gern auf die jahrhundertelangen Migrationsprozesse, die es auch im Osten Deutschlands gab, wie man an vielen Familiennamen deutscher Familien sehen könne.

In Sachsen werde Integration immer noch sehr problemorientiert angegangen, dabei würden die Möglichkeiten und Potenziale wenig genutzt. »Wenn man an die Chancen und an den Reichtum glaubt, hat man eher die Bereitschaft, die Herausforderungen auf sich zu nehmen« (IFABI). Die Rahmenbedingungen, die derzeit das Ankommen für Migranten bestimmen, seien jedoch nicht sehr günstig und verlangten viel Enthusiasmus. Ein entscheidender Faktor ist die Unkenntnis über Migranten und Flüchtlinge. Hinzu kommt im Fall von muslimischen Migranten eine Unkenntnis des Islams in der deutschen Bevölkerung.[6] Noch immer gelten besonders religiöse Muslime als nicht integrationsfähig. Dabei wurde ein Zusammenhang zwischen hoher Religiosität und sozialer Desintegration längst widerlegt.[7] Trotzdem werden in der deutschen Gesellschaft vielerorts Vorurteile und negative Gefühle gepflegt. Dort ist es wichtig, auf einer niedrigschwelligen Ebene anzusetzen. Gerade diese Ebene ist es, auf der Vereine und Projekte arbeiten. Das bedeutet auch, dass deren Erfolge selten weite Aufmerksamkeit erregen. Die breite Masse der Mehrheitsgesellschaft erfährt durch die Medien lediglich von den problematischen Entwicklungen. Durch diese sehen sich jene mit Vorurteilen bestätigt. Verleihungen wie der Sächsische Integrationspreis können dem entgegen wirken und machen die Integrationserfolge einem breiten Publikum bekannt.

Zum Weiterlesen

- Ceylan, Rauf (Hg.): Islam und Diaspora. Analysen zum muslimischen Leben in Deutschland aus historischer, rechtlicher sowie migrations- und religionssoziologischer Perspektive. Frankfurt a. Main 2012.
- Halm, Dirk / Meyer, Hendrik (Hg.): Islam und die deutsche Gesellschaft. Wiesbaden 2013.

1 Vgl. Potz, Richard: *Islam und Europa. Assimilation – Integration – Insertion.* In: Heuberger, Valeria (Hg.): Der Islam in Europa. Frankfurt a. Main u. a. 1999, S. 45 ff.

2 Vgl. Hippler, Jochen / Lueg, Andrea: *Einleitung.* In: Dies. (Hg.): Feindbild Islam oder Dialog der Kulturen. Hamburg 2002, S. 10.

3 Siehe BMI (Hg.): Integration. 2015, bmi.bund.de/DE/Themen/Migration-Integration/Integration/integration_node.html (14. 08. 2015).

4 Freistaat Sachsen (Hg.): Der Sächsische Integrationspreis. 2013, willkommen.sachsen.de/integrationspreis.htm (19. 08. 2015).

5 Vgl. Spielhaus, Riem: Wer ist hier Muslim? Die Entwicklung eines islamischen Bewusstseins in Deutschland zwischen Selbstidentifikation und Fremdzuschreibung. Würzburg 2011, S. 39 f.

6 Vgl. Just, Wolf-Dieter: *Integration von Muslimen in einer säkularisierten Gesellschaft. Zur Wirkungsmacht religiöser Symbole.* In: Ceylan, Rauf (Hg.): Islam und Diaspora. Analysen zum muslimischen Leben in Deutschland aus historischer, rechtlicher sowie migrations- und religionssoziologischer Perspektive. Frankfurt a. Main 2012, S. 112 ff.

7 Vgl. Halm, Dirk / Meyer, Hendrik: *Schlussbetrachtung.* In: Dies. (Hg.): Islam und die deutsche Gesellschaft. Wiesbaden 2011, S. 217 f.

Hannah Cremer

Die Eisenbahnstraße in Leipzig

Ein Ort des muslimischen Lebens?

Auf der Eisenbahnstraße konzentrieren sich Lebensmittelläden, die *Halal*-Produkte verkaufen, es gibt hier oder in ihrer unmittelbaren Nähe einige Moscheen und diverse Vereine mit einem Bezug zum Islam oder der arabischen und türkischen Kultur.[1] Sie wurde sogar als *Ethnic Business District* bezeichnet, womit eine räumliche Konzentration von Unternehmen beschrieben wird, die sich durch »Verbindungen und Kontakte zwischen Personen mit gleichem nationalen Hintergrund oder gleichen Migrationserfahrungen« auszeichnen und durch familiäre und ethnische Solidarität in der Beschäftigungsstruktur und des Kundenstamms geprägt sind.[2] Entsprechend ist der Anteil an Bewohnern mit Migrationshintergrund in den umliegenden Stadtteilen sehr hoch, er liegt bei etwa 30 Prozent, und es kann von einer multikulturellen Gemeinschaft gesprochen werden.[3] In der Gegend wohnen neben Menschen mit Migrationshintergrund auch Langzeitarbeitslose und andere sozial schwache Gruppen. Die Arbeitslosenquote ist hier sehr hoch und das Einkommen niedrig.[4] Die Bevölkerungsstruktur wird oft als Grund für den Ruf als »Problemviertel« herangezogen. Dabei rückt die ausländische Gemeinschaft, und insbesondere die muslimische, in den Vordergrund. Themen wie Kriminalität, Drogenkonsum und Konflikte zwischen ethnischen Gruppen dominieren die mediale und gesellschaftliche Auseinandersetzung.

In diesem Kapitel schildern Muslime ihre Eindrücke, Wünsche und Meinungen über die Eisenbahnstraße und ihre eigene Wohnsituation. Zuvor wird nachgezeichnet, wie sich diese Straße zu dem soziogeografischen Areal entwickelt hat, als das sie heute wahrgenommen wird: als sozialer Brennpunkt, als »Migrantenviertel« oder als »Arab Street«. Da es in anderen sächsischen Großstädten wie Dresden und Chemnitz keinen vergleichbaren Ort der Multikulturalität gibt, beschränkt sich dieser Artikel auf Leipzig.

Vom Arbeiterviertel zum multikulturellen Quartier

Die Eisenbahnstraße verläuft durch die Viertel Neustadt-Neuschönefeld und Volkmarsdorf. Diese galten lange als Arbeiterviertel. Sie wurden Ende des 19. Jahrhunderts angelegt und sind bis heute durch die damals entstandenen Gründerzeithäuser geprägt. Während der Industrialisierung gab es einen massiven Zuzug der arbeitenden Bevölkerung in das Gebiet, in dem viele Fabriken und Betriebe ihre Niederlassungen hatten. Dies machte einen rapiden Wohnungsbau nötig. Bei der Bebauung des Gebiets ging es hauptsächlich darum, einen funktionalen Wohn-, Transit- und Arbeitsort zu schaffen, der durch eine wirtschaftliche und zweckorientierte Infrastruktur geprägt sein sollte. So gab und gibt es sehr schmale Fußwege, kleine Wohnungen und wenig Grünfläche.[5] Mitte bis Ende des 20. Jahrhunderts verzeichnete das Gebiet im Zuge der Deindustrialisierung eine soziale und bauliche Abwertung durch den massiven Bevölkerungsverlust und die darauffolgende Vernachlässigung der Gebäude.[6] Diese Entwicklungen sind bis heute zu sehen: Häuser, die jahrzehntelang verwahrlosten und leer standen, prägen noch immer die Straßenzüge. Eine erste Maßnahme zur Aufwertung des Gebiets war die Entstehung des Stadtteilparks Rabet in den 1980ern, und seit einigen Jahren wird die Sanierung der Gebäude intensiv vorangetrieben, sodass vereinzelt schon von Gentrifizierungstendenzen gesprochen wird.

Zu DDR-Zeiten wurden Bürger der sozialistischen Partnerländer in Leipzig beschäftigt (siehe Beitrag von M. Hakenberg / V. Klemm). Viele kamen aus Vietnam und Polen, aber auch aus Mosambik und Kuba. Sie wohnten meistens in ihren Wohnungen in Wohnheimen. Mit der Wiedervereinigung gingen viele von ihnen in ihre Heimatländer zurück oder zogen in den Westen Deutschlands. Einige blieben jedoch in Leipzig. Zu diesem Zeitpunkt veränderte sich die Situation auf dem Wohnungsmarkt auch für die ausländischen Bürger. Diese Situation beschreibt die Kulturwissenschaftlerin Alicia Kühl als ausschlaggebend für die Entwicklung zur heutigen Wahrnehmung der umliegenden Gegend der Eisenbahnstraße als »Migrantenviertel«. Mit der Wiedervereinigung hatten sie die Möglichkeit, in eigene Wohnungen zu ziehen. Da die meisten auf Sozialleistungen und billige Wohnungen angewiesen waren, zogen sie vermehrt in den Leipziger Osten. Dort gab es aufgrund der starken Abwanderung der Arbeiterbevölkerung einerseits freie billige Wohnungen und andererseits auch Arbeitsplätze. In den Jahren nach der Wiedervereinigung stieg der Anteil der Ausländer in der Gegend weiter an und soziale Netzwerke weiteten sich aus. Der wichtigste Grund hierfür war Kettenwanderung. Außerdem wurde die Gegend um die Eisenbahnstraße immer attraktiver, da hier wegen des hohen Leerstands eine Neugestaltung des Viertels mit einer neuen Infrastruktur möglich war, die den eigenen Bedürfnissen entsprach.[7] Ein weiterer Grund für den wachsenden Ausländeranteil ist die Eröffnung des Asylbewerberheims in der Torgauer Straße.

Für Menschen, die neu in der Stadt sind, kann die Eisenbahnstraße ein Ort sein, an dem gewohnte Strukturen vorgefunden werden, die Muttersprache gesprochen wird und somit das Ankommen in der neuen Gesellschaft erleichtert wird. Die zwei Brüder Aras (25 Jahre alt) und Faris (30 Jahre alt) aus Syrien sind vor etwa einem halben Jahr als Asylbewerber nach Leipzig gekommen. Auch Faris erlebte die Eisenbahnstraße als solchen Ort: »Am Anfang wollte ich unbedingt in der Eisenbahnstraße wohnen, da es dort die *Halal*-Lebensmittelläden gibt, vor allem wegen des Fleisches.«

Samir aus Syrien, 37 Jahre alt, kam zum Studieren nach Leipzig. Sein Glaube spielt für ihn eher eine geringere Rolle. Er schätzt die Situation ähnlich ein: »Viele leben dort auch, weil es für sie einfacher ist [...] wegen der Sprache, sie fühlen sich sicher und nicht fremd, ihre Umgebung ist vielleicht ein bisschen wie ihre Heimat. Wenn ich Hilfe brauche, dann weiß ich, dass mir geholfen wird.« Ein weiterer Grund für die jetzige hohe Konzentration ist die Beschäftigungsmöglichkeit in Unternehmen, deren Eigentümer einen Migrationshintergrund haben.[8] André Hill und Karin Wiest vom Leibniz-Institut für Länderkunde in Leipzig erwähnen ebenfalls diskriminierende Strategien bei der Wohnungsvergabe in anderen Gegenden.[9] Auch die Wohnungszuweisung an Asylsuchende in den Vierteln ist ein Grund für die multiethnische Konzentration in der Eisenbahnstraße. Menschen mit Migrationshintergrund können demnach als eine präsente Bevölkerungsgruppe in den Stadtteilen wahrgenommen werden und tragen einen wichtigen Teil zu deren Wiederbelebung bei.

In den Vierteln kann eine starke Veränderung der Bewohnerstruktur beobachtet werden. Sie hat sich von einer homogenen zu einer heterogeneren entwickelt: Es leben Alte und Junge, Arbeitende und Studierende, Menschen mit und ohne Migrationshintergrund in der Gegend. Dennoch ist sie aufgrund der niedrigen Mieten immer noch insbesondere für Menschen mit geringem ökonomischen Kapital attraktiv. Und auch wenn sich neben der sozialen Struktur ebenfalls die bauliche Substanz und das Image langsam verbessern, so hat die Gegend noch immer einen schlechten Ruf, wozu die Eisenbahnstraße einen großen Teil beiträgt.

Die Eisenbahnstraße in der Wahrnehmung von Muslimen

In der Eisenbahnstraße spielte und spielt sich das öffentliche Leben der Viertel ab. Nachdem die Eisenbahnschienen in den Norden verlegt wurden, entwickelte sich die Straße um 1900 zu einer prosperierenden Geschäftsstraße.[10] Diese Charakterisierung trifft bis heute zu, doch haben sich Angebot und Eigentümerlandschaft verändert. Rund die Hälfte der Geschäfte wird von Menschen mit Migrationshintergrund geführt und die Mehrheit ist dem Einzelhandel und der Gastronomie zuzuordnen.[11]

Maryam (26 Jahre), die in dem Viertel aufgewachsen ist, konvertierte vor vier Jahren zum Islam. Sie lebt gerne hier: »In anderen Stadtvierteln würde ich mich, glaube ich, auch nicht so wohlfühlen, aber hier geht es, hier sind ja auch andere Muslime. [...] die Moschee ist auch gleich gegenüber.« In dem Interview wurde deutlich, dass die Moschee für sie ein wichtiger Grund dafür ist, warum sie in der Gegend wohnt. Die Eisenbahnstraße meidet Maryam jedoch eher. Gründe dafür sind eine steigende Wahrnehmung der Kriminalität und des Drogenkonsums sowie der hohe Anteil an Menschen mit Migrationshintergrund. Ein weiteres Argument, warum auch andere Befragte nicht in der Eisenbahnstraße wohnen wollen, ist die dadurch fehlende Integration in die Leipziger Gesellschaft. So fürchten sie, dass die Motivation sinkt, die deutsche Sprache zu erlernen und sich anderweitig zu integrieren, wenn man in der Eisenbahnstraße wohnt.

Salim lebt seit zehn Jahren in Deutschland und wohnt seit sieben Jahren in Leipzig. Er kam damals zum Studieren aus Marokko nach Deutschland. Er stellt es wie folgt dar: »Wenn man dort wohnt, warum hat man dann überhaupt Marokko verlassen?«

Faris beschreibt seine Ansicht so: »Ich habe ein Jahr in der Türkei mit einer Gruppe von Syrern zusammengelebt. Dadurch haben wir kein einziges türkisches Wort gelernt und wir konnten uns nicht mit den Türken unterhalten, sondern nur untereinander. Und das ist auch ein Grund, warum wir [hier] nicht zu viel Kontakt mit anderen Syrern haben wollen und die Straße meiden. Nicht etwa, weil das schlechte Menschen sind, sondern weil man sich isoliert, wenn man nur mit Syrern zusammen ist. Dann ist man in einer kleinen Gemeinschaft innerhalb der Mehrheitsgesellschaft. Das ist nicht gut, das macht das Leben schwieriger.« Hier wird also die Gefahr der Bildung einer Parallelgesellschaft angesprochen.

Kian (21 Jahre) ist im Iran geboren, wohnt aber seit früher Kindheit in Leipzig. Er sieht die Eisenbahnstraße als einen Ort, an dem systematisch eine solche Parallelgesellschaft entsteht: »Ich schäme mich für diese Straße. Diese Leute, die den einfachsten Weg des Geldverdienens wählen – nämlich kriminelle Geschäfte und Drogenhandel – schaden allen anderen Muslimen oder Ausländern, die hart arbeiten und integriert sind. Wegen dieser Leute, die dort rumhängen, entstehen diese negativen Stereotype von Muslimen, Arabern oder Ausländern. Stereotype haben immer eine kleine Basis an Wahrheit. Das ist aber auch eine ganz fiese Politik, die da gefahren wird. Die sollen sich ja quasi nicht integrieren können. So lernen sie nie die Sprache und bei Sprache fängt Integration an. So findest du keine Arbeit, kannst keine Schule besuchen, keinen Abschluss machen, keine Freunde finden, nichts.« Diese Verortung der Verantwortlichkeit bei der Stadtpolitik fällt nicht nur bei ihm auf, sondern ist auch bei Samir und Salim wiederzufinden.

Eine völlig andere Haltung vertritt Nabil (23 Jahre). Er ist in Leipzig geboren und sein Vater kommt aus Ägypten. Er kann es sich gut vorstellen, dort zu leben: »Ja, ich such gerade im Osten nach Wohnungen und ich könnte mir auch vorstellen, in der Eisenbahnstraße zu wohnen. Es ist eben total preiswert. Ich meine, du hast alles dort, was du brauchst, die ganzen Läden und so, und viele meiner Freunde wohnen auch dort. [...] aber ich weiß schon, was die Leute meinen. Aber um ehrlich zu sein, ich weiß gar nicht, was das Problem ist.« Diese Aussage spiegelt die Einstellung vieler junger Menschen in Leipzig wider, die den Leipziger Osten für sich entdecken. Nabil spricht ebenfalls einen weiteren Aspekt an, der immer wieder in den Interviews auftaucht: Die Gerüchte über die Straße. »Ich glaube in den meisten Fällen ist es so, dass die Leute irgendwelche Gerüchte hören. Aber um ehrlich zu sein, kann ich mir es nicht erklären. Natürlich ist es schon auffällig. Dort gibt es eine starke Konzentration von Migranten, Menschen mit Migrationshintergrund und muslimischen Gemeinschaften. Aber das ist für mich nicht gleichzusetzen mit Kriminalität und Drogenhandel. Und ich habe auch kein Erlebnis gehabt, das mich anders darüber denken lässt.« Auch Aras erzählt von dieser Wahrnehmung: »Man hört nur von der Straße, aber du weißt nicht, ob es stimmt. Wenn man nach Leipzig kommt, sagen viele Leute, dass man nicht dort hingehen soll, dass es gefährlich sei. [...] Aber wenn man dann ein-, zwei-, dreimal kommt und sich selber ein Bild macht, dann merkt man schnell, dass es nicht so ist.«

Bei der Entstehung dieses negativen Bildes spielen die Medien eine wichtige Rolle. Die Verantwortung für den schlechten Ruf und die geringe Lebensqualität wird wieder bei den Menschen mit Migrationshintergrund und im Speziellen bei der muslimischen Bevölkerung gesucht. Samir kann das nicht verstehen: »Das kann aber in jedem Stadtteil passieren. Konflikte gibt es immer zwischen Menschen. Dort ist es nur konzentriert [...]. Ich weiß nicht, ob die [Medien] das mit Absicht so fokussieren: Das sind die Flüchtlinge oder die Araber oder die Muslime!« Auch Nabil betont, dass die mediale Berichterstattung kein reales Bild wiedergibt. »Also das, was ich wahrnehme, stimmt überhaupt nicht mit dem überein, was medial erzeugt wird. [...] Es ist übertrieben.« Als Höhepunkt nennt er den Bericht der taff-Sendung bei ProSieben (12.12.2013), in dem die Eisenbahnstraße als »die schlimmste Straße Deutschlands« beschrieben wurde.

Die Eisenbahnstraße ist ein Phänomen, das in vielfältiger Weise wahrgenommen wird. Die einen meiden sie, sehen sie als Ort einer Parallelgesellschaft und entscheiden sich trotz der gegebenen Infrastruktur explizit dagegen, in der Eisenbahnstraße oder ihrer Nähe zu wohnen. Die anderen möchten gerne in der multikulturellen Gesellschaft und in dem immer attraktiver werdenden Viertel wohnen. Die meisten aber nutzen in der Eisenbahnstraße die Einkaufsmöglichkeiten, kommen zum Moscheebesuch in die Straße oder um sich mit Freunden zu treffen. Eine wirkliche Alternative zu den Lebensmittelläden, die *Halal*-Produkte verkaufen, entwickelt sich nur langsam, weswegen die Eisenbahnstraße unabdingbar für muslimisches Leben ist. Die Straße scheint ein Anlaufpunkt für Neuankömmlinge zu sein, an dem der Einstieg in die neue Gesellschaft etwas gebremst verläuft, und der die Integration in die neue Gesellschaft manchmal schwieriger macht. Immer wieder wurde in den Interviews deutlich, dass die Verantwortlichkeit für die aktuelle Situation in der Eisenbahnstraße bei der Stadtverwaltung gesehen wird, die die Segregation in der Stadt systematisch forciert, beispielsweise durch Wohnungszuweisung.

So wird die Eisenbahnstraße auch von Muslimen kritisch betrachtet. Die meisten der Befragten haben ein eher negatives Bild von der Gegend, befürchten, in andere Konflikte hineingezogen zu werden, und würden diese Gegend als Wohnort lieber meiden. Andererseits gilt die Eisenbahnstraße als notwendiger Ort für das Leben der muslimischen Gemeinschaft, sei es wegen der Lebensmittelläden, der Moschee oder einfach nur, da sie ein Ort ist, an dem der islamische Glaube keine Ausnahme darstellt.

1 So z. B. den Sagart e.V., das Leipziger Zentrum für islamische Kultur und Forschung e.V. und DITIB e.V.

2 Siehe Leimer, Kristin: *Ethnic Business District Leipziger Osten – Eine Betrachtung der zwischenbetrieblichen Ebene ethnischer Ökonomien.* In: Henn, Sebastian / Behling, Michael (Hg.): Aspekte integrierter Stadtteilentwicklung. Ergebnisse und Erfahrungen aus dem Leipziger Osten. Berlin 2010, S. 199–224, S. 199 ff.

3 In Neustadt-Neuschönefeld haben 2014 32,2 % und in Volkmarsdorf 32,5 % der Einwohner einen Migrationshintergrund (vgl. Leipzig in Karten, Leipziger Volkszeitung, lvz-online.de/nachrichten/aktuell_themen/leipzig-in-karten/internationales-leipzig-zahl-der-migranten-in-der-messestadt-waechst-altersdurchschnitt-sinkt/r-leipzig-in-karten-a-244930.html (04. 03. 2015)). Damit liegt der Bevölkerungsanteil mit Migrationshintergrund in den Vierteln deutlich über dem sächsischen Durchschnitt (2012: 2,2 %; siehe Sächsischer Landtag (Hg.): Sachsen ist vielfältig und bunt, das belegen auch die Zahlen. 2013, sab.landtag.sachsen.de/de/service/statistiken/statistiken-6757 (08. 04. 2015)) sowie dem ostdeutschen Durchschnitt (2009: 4,7 %; siehe Schmidt, Helga u. a.: *Veränderungen in der sozialen Situation der Leipziger Bevölkerung 2005–2009.* In: Kunze, Cornelie (Hg.): Leipzig und Wroclaw im Prozess von Transformation, Europäisierung und Globalisierung. Transformation – Leipziger Beiträge zu Wirtschaft und Gesellschaft. Leipzig 2014, S. 87–127, S. 103) sowie dem bundesweiten Durchschnitt (2011: 19,5 %; siehe BpB (Hg.): Bevölkerung mit Migrationshintergrund I. Bonn 2014, S. 47).

4 Vgl. Schmidt u. a.: *Veränderungen in der sozialen Situation der Leipziger Bevölkerung.* S. 88.

5 Vgl. Kühl, Alicia: Die Eisenbahnstraße Leipzig: vom Arbeiterquartier zum Migrantenviertel. Eine Analyse des soziokulturellen Wandels von der Gründerzeit bis heute unter besonderer Berücksichtigung der DDR. Saarbrücken 2010, S. 28.

6 Vgl. Hill, André / Wiest, Karin: *Sanfte Gentrifizierung, Studentifizierung und Inseln ethnischer Konzentration in ostdeutschen Innenstadtrandgebieten? Das Beispiel Leipzig.* In: Raumforschung und Raumordnung. 62:6, 2014, S. 361–374, S. 367.

7 Vgl. Kühl: Die Eisenbahnstraße Leipzig. S. 77–83.

8 Vgl. Glorius, Birgit u. a.: *Sozio-demographische Entwicklung des Leipziger Ostens.* In: Henn, Sebastian / Behling, Michael (Hg.): Aspekte integrierter Stadtteilentwicklung. Ergebnisse und Erfahrungen aus dem Leipziger Osten. Berlin 2010, S. 35–69, S. 41.

9 Vgl. Hill / Wiest: Sanfte Gentrifizierung. S. 369.

10 Vgl. Henn, Sebastian / Behling, Michael: *Integrierte Stadtentwicklung im Leipziger Osten – Konzeptioneller Hintergrund, Lösungsansätze und unmittelbare Stadtteilarbeit.* In: Henn, Sebastian / Behling, Michael (Hg.): Aspekte integrierter Stadtteilentwicklung. Ergebnisse und Erfahrungen aus dem Leipziger Osten. Berlin 2010, S. 7–33, S. 17.

11 Vgl. ebd., S. 23 und Leimer: Ethnic Business District, S. 210.

Religion und Gemeindeleben

Trotz aller Hürden haben Muslime in Sachsen ihr religiöses Leben aufgebaut und strukturiert. Sie schließen sich in Gemeinden und Vereinen zusammen und engagieren sich sozial und karitativ. Sie organisieren Lösungen für ihre religiösen Belange und integrieren sich im Rahmen der Bedingungen, die sie umgeben.

Janna Burr und Leonie Stenske

Kulturelle Vielfalt im Alltag

Zum Thema dieses Beitrags haben acht Musliminnen und Muslime ihren Alltag mit uns geteilt. Im Folgenden fügen wir unsere Eindrücke in Form einer Collage zusammen.

Es ist halb vier Uhr morgens im Fastenmonat Ramadan, Tamara ist gerade aufgestanden, um die letzte Mahlzeit vor Sonnenaufgang einzunehmen. Danach wäscht sie sich das Gesicht und verrichtet das Morgengebet. Es falle ihr schwer, morgens so früh aufzustehen, sagt sie, aber nachdem das Wasser ihr Gesicht erfrischt und die wechselnden Körperhaltungen und die Konzentration auf das Gebet Körper und Geist aufgeweckt haben, sei es nicht mehr anstrengend. »Ich mache das ja trotzdem gerne, weil man ja weiß, welchen Lohn man dafür bekommt.« Tamaras Mutter, die aus Algerien stammt, brachte ihre Tochter schon früh mit dem Islam in Kontakt. Zur Schlafenszeit las sie ihr Suren aus dem Koran vor, die sie wiederholen sollte und irgendwann auswendig konnte. Als Tamara älter wurde, ist sie langsam an das Gebet herangeführt worden, obwohl, wie sie einwirft, der Fernseher interessanter für sie war. Mit 15 oder 16 Jahren bekam sie das Bedürfnis, ihre Religion aktiv zu entdecken. Sie bedauere es nicht, in der Schulzeit nur deutsche Freunde gehabt zu haben, aber hätte sie mehr Kontakte zu Muslimen außerhalb der Moschee geknüpft, hätte sie vielleicht vieles mit anderen Augen gesehen. Die 18-Jährige fügt hinzu, dass sie als einzige Muslimin besonders bei einigen Lehrern auf Unverständnis gestoßen sei. So wurde auf Klassenfahrten ihr Wunsch ignoriert, vegetarisch zu essen, oder kein Verständnis dafür aufgebracht, dass sie einmal im Jahr einen Brief ihres Vaters mit in die Schule brachte, mit der Bitte, die Tochter während des Opferfestes von der Schule freizustellen. Unter ihren Mitschülern allerdings sei ihr Glaube nie ein Thema gewesen.

Tamara studiert in Leipzig. Je nachdem wie ihre Vorlesungen fallen, verlässt sie am Morgen ihr Elternhaus. Noch tritt sie ohne Kopftuch aus der Tür, jedoch wuchs in ihr über die letzten Jahre hinweg der Wunsch, das Kopftuch zu tragen. Im Moment befindet sie sich im Zwiespalt zwischen der Angst, benachteiligt zu werden, und dem Bedürfnis ihrer Religion Folge zu leisten. Für sie, so sagt sie, sei es die Pflicht einer jeden Muslimin das Kopftuch zu tragen, wobei die Ausübung der Religion allen selbst überlassen sei. Tamara ist es wichtig, die Entscheidung endgültig zu treffen und nicht nach einiger Zeit das Kopftuch wieder abzulegen. Es geht ihr dabei darum, sich zu bedecken, das Kopftuch für Gott zu tragen. Sie merkt aber an, dass dies nicht bedeute, dass sie eine bessere Muslimin sei. Schritt für Schritt tastet sie sich heran. Für die Zukunft sieht sie allerdings einige Hürden auf sich zukommen. So befürchtet sie, dass ihre Bewerbungen mit Blick auf einen verhüllten Kopf schneller zur Seite gelegt werden.

Bevor Mona am Morgen ihre Wohnung verlässt, die sie mit zwei Mitbewohnern teilt, hat sie die Qual der Wahl, wie sie sich ihr buntes Kopftuch bindet. Manchmal trägt sie es klassisch bis über die Schultern, dann auch wieder kunstvoll um den Kopf geschlungen. Die Masterstudentin, die im Sommer 2014 zum Islam konvertierte, trägt es erst seit Kurzem: »Das war in der Tat sehr spontan«, erklärt sie. »Es geht mir ja gar nicht so sehr darum, mich zu bedecken, sondern um meine Spiritualität, die ich auch zeigen möchte.« Ihr ist bewusst, dass das Kopftuch ein öffentliches und häufig missverstandenes Symbol ist. Auch will sie sich keinen Zwängen hingeben. So verzichtet sie beim Schwimmen oder aber im Privaten mit ihren Freunden und Mitbewohnern auf eine Kopfbedeckung. Völlig anders ist Tamaras Meinung zum Schwimmen: Für sie ist dieser Sport schon seit Längerem kein Thema mehr, da er gegen ihre Werte verstößt: »Seit ich überlege, das Kopftuch zu tragen, achte ich viel mehr auf meine Kleidung. Also, dass ich längere Sachen trage, meist bis zu den Knien.«

Auch die Leipzigerin Mariam trägt das Kopftuch, wenn sie vormittags mit ihren drei jüngsten Kindern aus dem Haus geht. Anders als Tamara und Mona sieht sie im Kopftuch eine bewusste Abgrenzung, einen Ausdruck für ihre Religion und ihre besondere Stellung in der deutschen Gesellschaft. Die gewollte Distanz hat ihren Preis, viele Menschen haben den Kontakt mit ihr abgebrochen. Mariam bekannte sich vor 15 Jahren zum Islam. Als Jugendliche reiste sie mit ihrer Familie nach Tunesien und fand durch den Kontakt zu einheimischen Familien großen Gefallen am dortigen Familienmodell. So hebt sie hervor, dass sie es schon als Kind nicht richtig empfunden habe, dass in Deutschland Frauen ihre Kinder in den Kindergarten schicken und arbeiten gehen. Die Rolle der Frau in der tunesischen Gesellschaft war ihr Hauptaugenmerk, als sie nach ihrer Rückkehr nach Deutschland anfing, sich mit dem Islam zu beschäftigen. Als sie heiratete und durch ihren Ehemann Kontakt zu anderen Musliminnen fand, fühlte sie sich durch diesen Rückhalt bereit, das Kopftuch anzulegen.

Damit ihre Kinder den Fastenmonat als eine schöne Zeit in Erinnerung behalten, hat Mariam zu Hause einen Ramadankalender gebastelt, so ähnlich wie einen Adventskalender, in dem für jeden Tag ein kleines Geschenk versteckt ist.

Jeden Freitagmorgen startet Ahmed den Motor seines weißen Lieferwagens, um von Bad Lausick aus durch ganz Sachsen bis nach Chemnitz zu fahren und *Halal*-Lebensmittel zu verkaufen. Vor zwei

Jahren bekam er die Idee, ein nahegelegenes Heim für Asylbewerber mit Lebensmitteln auf vier Rädern zu versorgen. Seine Kunden bezahlten ihn anfangs mit Lebensmittelmarken, die er bei einer Firma in Frankfurt in Geld umtauschen konnte. Zu diesem Zweck baute er den Lieferwagen mit Holzregalen aus. Im Angebot hat er u.a. Falafelmischungen, Saubohnen, Gewürze, Tee und eingelegte Auberginen, jeweils mit deutscher und arabischer Beschriftung. Sein gesamtes Sortiment ist *halal* (*ḥalāl*). *Halal* heißt eigentlich »erlaubt«. Bei Lebensmitteln bedeutet es aber, dass keine Bestandteile vom Schwein enthalten sind und dass Tiere auf islamische Weise geschlachtet wurden. »Alles *halal*, sonst kauft es keiner.« Er lächelt ein wenig, bei vielen Produkten sei die Beschriftung *halal* überflüssig, zum Beispiel beim Tee. Jetzt, so sagt er, liefe das Geschäft nicht mehr so gut, da seit kurzem die Bewohner des Heims selbst in die Stadt fahren könnten, um dort ihre Besorgungen zu erledigen. Für ihn persönlich ist islamkonforme Ernährung sehr wichtig. Da es schwierig ist, an *Halal*-Fleisch zu kommen, machte Ahmed eine Ausbildung zum Schlachter mit der Befugnis, nach islamischer Vorschrift Tiere zu schächten. Der Libanese, der vor 15 Jahren nach Deutschland kam, fastet nicht. »Ich bin Muslim, aber ich lebe mein Leben, wie ich es will. Das ist eine Sache zwischen mir und Gott. Wenn mir einer sagt, das ist falsch, was du machst, dann sage ich, das ist meine Sache und geht dich nichts an.«

Seinen Klassenkameraden fällt Arib zur Fastenzeit besonders auf, wenn er nach dem Sportunterricht nichts trinkt. Vor einem Jahr fastete der 15-Jährige, der ein Gymnasium in Leipzig besucht, das erste Mal den gesamten Fastenmonat. Wenn ihn seine Mitschüler darauf ansprechen, erklärt er ihnen: »Von Sonnenaufgang bis Sonnenuntergang nichts essen und trinken.« Sein älterer Bruder Surab besucht die medizinische Berufsfachschule. Der heute 22-Jährige war sechs Jahre alt, als seine Eltern aus Kabul nach Löbau flüchteten. Surab berichtet, dass bei seinen Klassenkameraden großes Interesse an seiner Religion bestanden hätte, auch in der Sekundarstufe II, die er in Leipzig beendete.

Zu Mittag essen die Brüder Arib und Surab eigentlich nicht in der Schule. Nur sehr selten, wenn es in der Kantine etwas Vegetarisches oder Veganes gibt. »Ich esse wenig außerhalb«, sagt Surab, »einmal kulturell bedingt, wir sind es gewohnt, zu Hause gemeinschaftlich zu essen. Hier in Deutschland ist es auch so, dass die wenigsten Sachen *halal* sind.« Seit sie vor fünf Jahren von Löbau nach Leipzig gezogen sind, ist das Angebot an *Halal*-Lebensmitteln größer geworden. Früher, bevor er sich aktiv als Muslim bezeichnet hat, erzählte er seiner Umwelt, dass er Vegetarier sei, um nicht über Ernährungsvorschriften reden zu müssen. Doch nun, so hebt er hervor, wisse er, dass der Islam den Gläubigen Vorschriften mache, die zu ihrem Vorteil seien. »Die Religion ist mein Gewissen. Weil ich bei allem, was ich tue und sage, in erster Linie Muslim bin.«

Um die Mittagszeit kommt auch Mariam mit ihren Kindern nach Hause. Ihre älteste Tochter hat Schulschluss und versammelt sich mit ihren Geschwistern um den Mittagstisch. Mariam erzählt, dass sie die deutsche Küche für sich entdeckt habe. Nachdem sie einige Zeit in der arabischen Welt gelebt hat, zuerst in Tunesien und dann in den Emiraten, hatte sie genug von der arabischen Küche und kocht nun gern Serviettenknödel oder Gulasch. Mit *Halal*-Fleisch, versteht sich. Etwas verschmitzt erzählt sie, dass sie sehr viel von Rohkost halte und oft im Bioladen einkauft. Ihrem Mann, der noch am Golf arbeitet, musste sie erst mal erklären, was Rohkost sei.

Die Schüler der Deutsch-als-Zweitsprache-Klasse in Paunsdorf sind sich einig: Gummibärchen sind *haram* (*ḥarām*), also nicht erlaubt! Lilli erklärt, dass Gummibärchen aus Gelatine bestehen und diese vom Schwein kommt. Aber es gäbe auch welche, in denen kein Schwein sei, die würde sie essen. Die Zehnjährige aus dem Kosovo bringt ihr Mittagessen von zu Hause mit. Die Lehrerin der 13-köpfigen Klasse erzählt, dass es für muslimische Kinder auch die Möglichkeit gibt, in der Kantine zu essen, allerdings habe es einen Vorfall gegeben, bei dem aus Versehen Schweinefleisch an einige von ihnen ausgegeben wurde. Seitdem ist das Schulessen bei muslimischen Schülern nicht mehr so beliebt.

Wenn Tamara nach ihren Vorlesungen nichts mehr in der Stadt zu tun hat, fährt sie zurück nach Hause. »Ich bete nur zu Hause, weil wir an der Uni keinen Gebetsraum haben und ich beim Beten wirklich meine Ruhe möchte.« Ihre Freundin Nur, die sie durch ihr Engagement bei der Muslimischen Hochschulgruppe e.V. kennt, löst das Problem anders. Sie hat immer eine Jacke und einen Schal dabei, um auch in der Universität beten zu können. »Anfangs habe ich die Gebete in der Campus-Bibliothek verrichtet«, aber mittlerweile hat sie eine Ecke in der Universität gefunden, in der schon seit einem halben Jahr ihr Gebetsteppich liegt, mit einem kleinen Zettel, auf dem »Bitte nicht entsorgen, Gebetsteppich« steht.

Nach Schulschluss sind auch Surab und Arib zu Hause angekommen und holen das Mittagsgebet nach. Surab ist sich sicher, dass die Lehrer seines alten Gymnasiums ihm einen Raum zur Verfügung gestellt hätten, aber das wäre zu viel Aufwand gewesen, da er nur einer von wenigen Muslimen in seiner Schule war.

Bis vor einiger Zeit führten die beiden nachmittags einen Unterricht über den Islam für Kinder und Jugendliche durch, der sich mit dem Islam und dessen Geschichte, aber auch mit praktischen Fragen zum religiösen Leben beschäftigte. Es ging um das Thema »Gebet« und darum, dass es aus gemeinschaftsbildenden Gründen in der Moschee verrichtet werden sollte. Die Brüder gestalten den Unterricht selbst und befragten dazu ihren Vater, der einen *Tafsir* (*tafsīr*), eine Koranauslegung, in ihrer Sprache Dari hat. »Es ist wirklich schwer, mit dem Koran umzugehen, weil er in einer ganz anderen Zeit verfasst wurde«, sagt Arib, »und es muss alles in Relation von damals und heute gesehen werden.« Aber das, so fährt er fort, traue er sich noch nicht zu. Da er Dari zwar sprechen, nicht aber lesen gelernt hat, sucht er Koranverse oder Hadithe – die Aussagen des Propheten Muhammad und seiner Gefährten – gern im Internet. Allerdings meidet er Forenbeiträge, »da kann ja jeder den größten Schwachsinn schreiben.«

Surabs und Aribs Bezugsperson in religiösen Fragen ist ihr Vater. Anders bei Mona, die wenn nötig eine Whatsapp-Nachricht an ihre Tandempartnerin in Ägypten schreibt. Vor ihr sprach sie am Ende ihres eineinhalbjährigen Auslandsaufenthaltes in Ägypten die *Schahada* (*šahāda*), das Glaubensbekenntnis. Es war ihr wichtig, dass die Person, vor der sie konvertiert, auch ihre liberale, geistige Einstellung zu Themen wie beispielsweise Homosexualität teilt. »Ich war immer schon religiös«, sagt sie, »beziehungsweise habe ich schon immer an einen Gott geglaubt.« Vor ihrem Auslandsaufenthalt studierte Mona in Münster. Im Zuge ihres Bachelorstudiums setzte sie sich wissenschaftlich mit dem Islam auseinander. »Ich hatte kein Erweckungserlebnis oder kein Aha-Erlebnis«, erklärt sie und fügt hinzu: »Ich kannte den Islam schon, zumindest geistig, logisch-rational, also mit dem Kopf. Und mit dem Herzen auch. Das beides zusammenzuführen war keine große Sache mehr.« Nach ihrer Rückkehr nach Deutschland passte sie ihren Alltag an ihren Glauben an, Stück für Stück. Mit der Zeit wich der Alkohol und auch an die fünf täglichen Gebete, die sie zu Hause verrichtet, tastete sie sich heran.

Surab dagegen betet nur zu Hause, wenn er mittags nach der Schule ein Gebet nachholen muss. Ansonsten versucht er, alle fünf Pflichtgebete in der Moschee, genau gegenüber von seinem Haus zu verrichten. Dort engagiert er sich auch als Moscheesprecher: »Den Titel habe ich mir selbst gegeben, das ist kein offizieller Titel«, stellt er klar. In seiner Freizeit kümmert er sich um die Öffentlichkeitsarbeit der Moschee und leitet Führungen und Weiterbildungen. Eigentlich gäbe es noch viele andere, die diese Arbeit machen könnten, aber er spreche nun mal Deutsch und kenne sich gut mit dem Islam aus. Außerdem, fügt er mit einem Lächeln hinzu, wohne er ja genau gegenüber. In der Moschee herrscht zu Ramadan geschäftiges Treiben, besonders kurz vor *Iftar* (*ifṭār*), dem Mahl zum Fastenbrechen.

Wenn die letzten Sonnenstrahlen das nahende Ende des 18-stündigen Fastens anzeigen, ist Nur manchmal auf dem Weg in die Moschee, wenn sie das Fasten nicht zu Hause mit Freunden bricht. »Der Islam ist eine Religion, die die Gemeinschaft fördert, und das merkt man an Ramadan sehr stark.« In der Moschee sind die Vorbereitungen abgeschlossen. Alle Besucher bekommen ein Tablett mit einer Schale Suppe und dem Gericht des Tages. Das Fasten wird nach der Tradition Muhammads mit einer Dattel und einem Glas Wasser oder Milch gebrochen. Danach betet die Gemeinde und begibt sich anschließend zum gemeinsamen Mahl. Auch Arib und der männliche Teil seiner Familie leiten das Ende des Fastens in der Moschee ein. Gegessen wird mal in der Moschee, mal zu Hause: »Je nachdem, wo das Essen gerade leckerer ist«, fügt Arib verschmitzt hinzu.

Seit 17 Uhr steht Tamara schon in der Küche und kocht das *Iftar*-Mahl. Ihre Mutter möchte immer schon früh mit den Vorbereitungen anfangen und bezieht die ganze Familie mit ein. Tamara hat keine Schwierigkeiten damit, trotz des Fastens Gemüse für eine Suppe zu schnippeln. Mit sieben Jahren fing sie langsam zu fasten an. Immer nur einige Stunden am Tag. In der Moschee gab es einen Kalender, erzählt Tamara. Wer einen ganzen Tag gefastet hat, durfte sich eine Sonne in das Feld des dazugehörigen Tages malen, bei einem halben Tag eine Wolke, und an Tagen, an denen nicht gefastet wurde, wurde das Feld mit einer Wolke mit Blitz verziert. Im Alter von 12 oder 13 Jahren fastete sie das erste Mal den ganzen Monat, mit der Option das Fasten zu unterbrechen, wenn eine Arbeit in der Schule bevorstand oder es nicht anders ging.

Um halb zehn ist es so weit. Tamara und ihre Familie warten auf den Sonnenuntergang und brechen das Fasten mit einer Dattel und einem Glas Wasser oder Milch. Das Gebet verrichtet die Familie zusammen, Vater und Bruder vorn und die Frauen der Familie hinten. Davor oder danach sprechen alle ein *Du'a* (*du'ā'*), ein Bittgebet, das anders als das rituelle Gebet, formlos ist. »Und dann wird gegessen, aber meistens ist man vom Essen ziemlich schnell satt, also so ist es bei mir«, erklärt Tamara. Im Laufe des Abends schauen alle zusammen arabische Fernsehprogramme oder lesen im Koran. Tamara hat Algerien, das Heimatland ihrer Mutter, schon oft besucht und stellt einen Vergleich zur Fastenzeit in Deutschland her: »Im Ramadan wäre in Algerien natürlich dieses Gefühl viel intensiver, obwohl man das Fastenbrechen auch hierzulande schön in einer kleinen Gruppe gestalten kann.«

Wenn man Surab fragt, was es bedeutet, Muslim in Sachsen zu sein, weiß er eine Anekdote zu erzählen. »Als ich hier nach Leipzig gekommen bin, da hatte ich einen ›Islamschock‹. Was ich von meinem Vater gelehrt bekommen habe, hat teilweise gar nicht mit dem übereingestimmt, was andere Muslime gemacht haben.« Bis zu seinem Umzug kannte er nur die religiöse Praxis seiner Eltern. »Aber hier habe ich erst gesehen, was für eine kulturelle Vielfalt der Islam anzubieten hat.« Als er die ersten Male in der Moschee betete, fiel ihm auf, dass einige anders beteten. »Da habe ich gesagt, dass sie das falsch machen, aber mein Vater sagte, das sei in Ordnung. So wie sie denken, ist das richtig, und du hast nicht das Recht ihnen zu sagen, dass sie falsch beten.« Alle Muslime haben eine gemeinsame Basis, die fünf Säulen des Islam, aber der Rest, so sagt Surab, sei jedem selbst überlassen. »Und da finde ich, dass wir Muslime hier in Deutschland einen riesigen Vorteil haben, weil wir tiefer gehen und uns mit unserer Religion auseinandersetzen.«

Ulrike Noack

Moscheen und Moscheevereine

Sucht man nach muslimischen Gebetsstätten in Sachsen, trifft man nicht auf repräsentative Bauwerke mit Kuppel und Minarett. Das Anfang des 20. Jahrhunderts errichtete Gebäude der Dresdner Yenidze scheint zwar diesem Stil zu entsprechen, ist jedoch als Zigarettenfabrik lediglich in orientalisierender Art gebaut worden und hat keinen Bezug zur religiösen Praxis. Moscheen in Sachsen sind auf den ersten Blick so gut wie unsichtbar. Erst ab 2016 soll in Leipzig eine erste Moschee neu gebaut werden.

Dieser Artikel geht der Frage nach, welche Funktionen Moscheen in Sachsen für ihre Gemeinden haben und welche Angebote den Gläubigen hier zur Verfügung stehen, die mit der Ausübung ihrer rituellen Pflichten verbunden sind. Dabei soll der Blick auch auf die besondere Situation von kleineren Gemeinden in Chemnitz und Zwickau gerichtet werden. Zunächst werden einige grundlegende Informationen zur Institution Moschee und ihrer Geschichte angeführt.

Was ist überhaupt eine Moschee?

Der Begriff »Moschee« stammt vom arabischen Wort *masǧid*, übersetzt »der Ort der Niederwerfung (im Gebet)«. Er ist über das spanische *mezquita* und das französische *mosquée* in unsere Sprache gelangt.[1] Eine Moschee kann sich überall befinden, denn muslimische Gläubige bedürfen keines besonders geweihten Raumes, um die täglichen fünf rituellen Gebete (*ṣalāt*) auszuführen. Nach islamischer Tradition war das Wohnhaus des Propheten Muhammad in Medina die erste Moschee.[2] Die Überlieferung berichtet über ein reges Gemeindeleben, das sich im Hof des Hauses abspielte. Neben der gemeinsamen Verrichtung des Gebetes gehörte die religiöse Unterweisung genauso zur Moschee wie Treffen und Gespräche, der Empfang von Gästen und die Bekanntgabe allgemeiner Verlautbarungen. Die Moschee bildete also in ihrer Entstehungszeit den sozialen Kern der muslimischen Gemeinde eines Ortes und besaß von dieser Zeit an eine integrative und gemeinschaftsbildende Funktion.[3]

Die Bereitstellung eines Raumes für das Gebet ist auch heute noch die zentrale Funktion einer Moschee. Da zu jedem Gebet die vorherige rituelle Waschung (*wuḍūʾ*) gehört, verfügen die Gebetsräume auch über eine Waschgelegenheit. Damit der oder die Gläubige das Gebet auf sauberem Boden vollziehen kann, werden beim Betreten einer – gewöhnlich mit Teppichen ausgelegten – Moschee die Schuhe ausgezogen.

Im Gebet selbst, das aus einer festgelegten Abfolge von bestimmten Körperhaltungen und Rezitationen besteht, wendet sich der Gläubige in Richtung Mekka, dem Ort, an dem sich mit der Kaaba (*Ka'ba*) das zentrale Heiligtum der islamischen Religion befindet. Die Gebetsrichtung (*qibla*) wird in den meisten Moscheen durch eine Gebetsnische (*miḥrāb*)[4] angezeigt, die in repräsentativen Gebetshäusern oftmals reich verziert ist.[5] Die Betenden richten sich in Reihen parallel zur *qibla* aus. In den Gebetsräumen der kleinen Gemeinden Sachsens gibt es einen solchen *miḥrāb* nicht oder nur in sehr schlichter Form. Alternativ zeigen beispielsweise Linien auf dem Boden an, in welche Richtung das Gebet erfolgen soll.

Von den fünf täglichen Gebeten ist im Wochenverlauf das Mittagsgebet am Freitag das wichtigste. Während alle anderen Gebete auch andernorts, also zu Hause oder am Arbeitsplatz, durchgeführt werden können, ist die Teilnahme zumindest der männlichen Mitglieder einer Gemeinde am Freitagsgebet islamrechtlich verpflichtend. Ihm kommt durch diesen Versammlungscharakter eine besondere soziale Funktion zu.[6] Die herausragende Bedeutung des Freitagsgebetes für das Gemeindeleben zeigt sich entsprechend in der Zahl der Teilnehmer. Während für die meisten Gebete nur wenige Gläubige die Moschee aufsuchen, treffen sich am Freitag deutlich mehr Betende in den Gemeinden. Der Imam der Moschee hält zu diesem Anlass eine Predigt (*ḫuṭba*), die verschiedene aktuelle Themen aufgreifen kann, die in der Gemeinde diskutiert werden. Aber auch allgemeine Fragen werden dort behandelt, wie Aspekte von Ethik und Moral, richtiges Verhalten oder auch besondere Anlässe im Jahr wie Feste oder ähnliches.

Zu Feierlichkeiten, wie z.B. dem Gebet zu Beginn des Opferfestes, des bedeutendsten islamischen Festes, versammeln sich ebenfalls mehr Menschen in den Moscheen als gewöhnlich. Mehrere Hundert sind dann keine Seltenheit. Für sächsische islamische Gemeinden, deren Räume sich meistens in Wohnungen oder ehemaligen Industrie- oder Verwaltungsgebäuden befinden, stellt dies eine besondere Herausforderung dar. In Moscheen, die in Wohnräumen eingerichtet wurden, finden an Freitagen kaum alle Betenden Platz. Abgetrennte Bereiche für Frauen gibt es aus Platzgründen auch nicht überall. Jedoch ist die Zahl der Frauen, die die Moschee zum Gebet besuchen, grundsätzlich ohnehin geringer als die der Männer, da viele von ihnen zu Hause beten. Ein weiteres, ebenfalls mit der Raumproblematik verbundenes organisatorisches Problem besteht in der Akustik der Räume. Auch wenn alle der in diesem Artikel einbezogenen Gemeinden über eine Kanzel bzw. ein stufenförmiges Podest (*minbar*) verfügen, auf dem der Imam zur Predigt Platz nimmt, kann nur durch eine Lautsprecheranlage gewährleistet werden, dass auch die Betenden die Predigt hören können, die aus Platzgründen in andere Räume ausweichen mussten.

Die Moscheevereine und ihre Gemeinden

In Sachsen wie auch bundesweit existieren Moscheen nicht für sich allein, sondern sind immer mit einem Moscheeverein verbunden, der sie betreibt.[7] Bisher ist die Gründung eines eingetragenen Vereins der übliche Weg für muslimische Gläubige, sich als Glaubensgemeinschaft zu organisieren.[8] In den Großstädten Sachsens sind die größeren Moscheevereine über entsprechende Internetseiten der Stadt aufgeführt, in kleineren Städten sind bisher nur vereinzelte Einträge vorhanden. Da die Moscheen überdies äußerlich unauffällig sind, erfahren neu zugezogene Muslime meist erst über andere, wo sich Gebetsräume befinden. Für die Gemeinden gestaltet sich die Suche nach Räumlichkeiten mitunter recht schwierig, da größere Räume für das Freitagsgebet benötigt werden, die zugleich finanzierbar sein müssen. Zudem muss eine gewisse Zentralität für die Gemeindemitglieder oder zumindest gute Erreichbarkeit gewährleistet sein. Ein weiteres Problem ist, dass, wenn sich die Räumlichkeiten beispielsweise in Wohnhäusern befinden, Spannungen mit anderen Mietern auftreten können.

Generell lässt sich keine fundierte Aussage darüber machen, wie viele Muslime einer bestimmten Gemeinde angehören, da zum einen nicht alle die Moschee regelmäßig für ihre Gebete nutzen, zum anderen keine Mitgliedsregister geführt und beispielsweise regelmäßig Mitgliedsbeiträge erhoben werden, wie bei anderen Vereinen üblich. Die eingetragenen Vereine werden von einer kleinen Gruppe langjähriger Mitglieder getragen, und stehen den Gläubigen zur Nutzung ihrer Angebote offen.

Der Vorstand eines Moscheevereins setzt sich im Allgemeinen aus etwa fünf Mitgliedern zusammen, die je nach Satzung alle zwei oder drei Jahre gewählt werden. Er bemüht sich auch, für die Gemeinde einen Imam (siehe Beitrag von M. Schoft / T. El-Sourani) zu finden. Das Gremium berät über Projekte, Angebote oder Veränderungen im Gemeindeleben. Es stellt damit auch einen Ansprechpartner für regionale Behörden oder andere Religionsgemeinschaften im Rahmen des interreligiösen Dialoges dar. So trat etwa eine Schule in Zwickau mit dem Vorstand einer Gemeinde in Kontakt, um eine Veranstaltung für ihre Schüler zu organisieren, die im Rahmen einer Projektwoche verschiedene Aspekte der islamischen Religion vorstellt. Diese Gemeinde stellte 2015 zusätzlich im Rahmen der interkulturellen Woche ein eigenes Angebot zum gegenseitigen Kennenlernen und Austausch vor. Moscheen in den sächsischen Großstädten Dresden und Leipzig nehmen darüber hinaus regelmäßig am »Tag der offenen Moschee« teil, der immer am 3. Oktober ausgerichtet wird.

Der Moscheevorstand ist auch für die Finanzierung der Räume und Angebote zuständig. Dabei stammt das Geld für Miete, Strom und Unterhaltung der Räumlichkeiten überwiegend aus Spenden. Der

Vorstand stimmt sich auch darüber ab, zu welchen Zeiten die Gebetsräume geöffnet sind. Da die Vorstandsmitglieder mehrheitlich berufstätig sind, ist eine Öffnung der Moschee für jedes der täglichen fünf Gebete oft nicht möglich und kann nur über zusätzliche ehrenamtliche Arbeit von Gemeindemitgliedern bewerkstelligt werden. Alle Moscheen öffnen für das Freitagsgebet und darüber hinaus nach Möglichkeit für die Abend- und Nachtgebete.

Daneben organisieren Moscheevereine auch andere Dinge, die mit den religiösen Pflichten oder der Religionsausübung zu tun haben. Das betrifft insbesondere die Organisation des gemeinsamen allabendlichen Fastenbrechens (*ifṭār*) während des Monats Ramadan, und das gemeinsame Begehen der beiden islamischen Feste, des Fests des Fastenbrechens und des Opferfestes. Diese Feiern betonen den Charakter der Moschee als Gemeindezentrum, da hier viele Gläubige, auch Frauen und Kinder, zusammenkommen, um die Feste gemeinsam zu feiern. Von den großen Moscheevereinen, vor allem in westdeutschen Städten, werden zudem viele weitere Angebote gemacht, die direkt oder indirekt mit der religiösen Praxis zu tun haben. Hierzu zählen Eheschließungen, Hilfestellung bei muslimischen Begräbnissen oder Beschneidungen. Die muslimischen Dachverbände, in denen viele westdeutsche Gemeinden organisiert sind, spielen hierbei eine wesentliche Rolle. Sie stellen zentral die Ansprechpartner für viele Fragen und verfügen über eine etablierte Infrastruktur beispielsweise bei der Organisation der Pilgerfahrt (*ḥaǧǧ*).

Von den muslimischen Dachverbänden sind bisher nur zwei offiziell in Sachsen aktiv, die Türkisch-Islamische Union der Anstalt für Religion e.V. (DITIB) und die Islamische Gemeinschaft der Bosniaken e.V. (IGBD). Diese Strukturen ermöglichen, dass z.B. der Imam einer DITIB-Moschee die Anträge von Mitgliedern auf die Teilnahme an der *ḥaǧǧ* an die Zentrale des Dachverbandes schicken kann, die diese bearbeitet und sich um die Organisation der Reise kümmert. Bestimmte religiöse Pflichten, wie das Einsammeln der religiösen Pflichtsteuer (*zakāt*) und deren Verteilung an Bedürftige, werden in Sachsen nicht über Moscheevereine organisiert. Es ist daher jeder Gläubige aufgefordert, selbst zu entscheiden, in welcher Form er dieser Pflicht nachkommt.

Die überwiegende Mehrzahl der Moscheevereine in Sachsen ist an keinen Dachverband angeschlossen. In den Bereichen Ehe, Begräbnis, Pilgerfahrt oder Beschneidung können viele Vereine lediglich informieren oder Kontakte zu größeren Moscheen vermitteln, die diese Aufgaben wahrnehmen. Im Bereich der religiösen Bildung ist vieles abhängig von zusätzlichem Engagement der Mitglieder und des Vorstandes. Einige Moscheen organisieren Koranunterricht für Kinder an Sonntagen oder zur Ferienzeit, jedoch gibt es kaum Angebote für Erwachsene. Eines der wenigen Angebote besteht für interessierte Gemeindemitglieder in regelmäßigen Treffen, die in den Räumen der

Moschee stattfinden, um sich über Fragen zu religiösen Texten und über damit zusammenhängende Themen auszutauschen.

So liegt die Hauptlast der Arbeit beim Vorstand, der sich als Mittler versteht und bemüht ist, für alle anfallenden Probleme Hilfe zu organisieren. Gerade kleinere Gemeinden wie die in Zwickau oder Chemnitz sind dabei vor allem mit Fragen praktischer Hilfestellung im Alltag beschäftigt. Der Imam einer Zwickauer Gemeinde beispielsweise wird oft als Mittler und Dolmetscher angefragt, wenn die Übersetzung eines Gespräches mit einem Arzt nötig ist oder wenn es um die Vermittlung einer Wohnung geht. In Chemnitz bietet eine Moschee Termine an, an denen ein Arabisch sprechender Arzt eine kostenlose Sprechstunde für Gemeindemitglieder durchführt. Viele Moscheevereine sind bemüht, Sprachkurse zu organisieren. Hier geht es einerseits um Arabischunterricht, insbesondere für Kinder, aber auch für Erwachsene, andererseits um Deutschunterricht für Flüchtlinge. In Chemnitz werden dazu kostenlose Kurse angeboten, die wiederum ehrenamtlich vom Imam selbst und dessen Frau durchgeführt werden.

Die Moscheevereine sind auch für muslimische Flüchtlinge eine wichtige Anlaufstelle und leisten einen Beitrag zur Integration der Neuankömmlinge. Zum einen in ganz praktischer Form, indem sie helfen, Anträge und Formulare zu verstehen und auszufüllen, oder Menschen direkt zu Behörden vor Ort begleiten. Zum anderen, weil sie aufgrund ihrer eigenen Biografie in der Lage sind, zwischen den Kulturen zu vermitteln und so auf beiden Seiten Verständnis und Toleranz für die andere Kultur aufbauen. Mit der zunehmenden Zahl an Flüchtlingen, die bei den Vereinen nach Unterstützung fragen, wächst natürlich auch der Umfang der Arbeit auf diesem Gebiet. Insbesondere für kleinere Gemeinden wie die in Zwickau macht die praktische Alltagshilfe für Flüchtlinge mittlerweile den größten Teil der Arbeit aus. Da sie, so wie alle Arbeit in diesen Gemeinden, ehrenamtlich geleistet wird, sind zum Teil andere Projekte in den Hintergrund getreten oder mussten zunächst verschoben werden.

Die Vorstandsmitglieder, die für diesen Artikel befragt wurden, äußerten übereinstimmend den Wunsch nach einer Ausweitung insbesondere des kulturellen und sozialen Angebotes. Dahinter steht die Absicht, die Moschee zu einem wirklichen Zentrum für die jeweilige Gemeinde zu machen, in dem man sich nicht nur zum Gebet, sondern auch darüber hinaus treffen kann. Integrative Angebote stehen dabei an erster Stelle, also das Einrichten einer Teestube, der Auf- oder Ausbau einer Bibliothek, regelmäßige Treffen von Frauen, die auch eine Kinderbetreuung einschließen, Sport- oder Handarbeitszirkel und Ähnliches. Die Moscheevereine in Sachsen, die zum überwiegenden Teil sehr jung sind – die meisten wurden kurz vor oder erst nach dem Jahr 2000 gegründet – sind derzeit noch damit beschäftigt, Strukturen für Gemeindezentren aufzubauen, die in westdeutschen Städten bereits etabliert sind. Dort arbeiten Moscheevereine seit den siebziger Jahren, und viele Erfahrungen, die dort bereits gemacht und verarbeitet wurden, sind für die Gemeinden in Sachsen noch neu. Diese Aussage machen insbesondere Gesprächspartner, die längere Zeit in Städten wie Köln oder Stuttgart gelebt haben und von dort ein deutlich umfangreicheres Angebot im kulturellen und sozialen Bereich kennen, als es derzeit von den kleinen Gemeinden abseits der Großstädte realisierbar ist. Nichtsdestotrotz ist die kulturelle und soziale Arbeit der Vereine gesellschaftlich auch in Sachsen sehr relevant (siehe Beitrag von W. Krestin).

Während sich in großen Städten die Gläubigen einer Nationalität oder Herkunftsregion auch in eigenen Vereinen organisieren, ist das aufgrund der geringeren Mitgliederzahl in Städten wie Chemnitz oder Zwickau nicht der Fall. Hier sind die Gemeinden in Hinblick auf die Herkunftsländer heterogen, was wiederum eine sprachliche Herausforderung mit sich bringt. Die Imame und Vorstände der besuchten Moscheen sind bemüht, alle Mitglieder unabhängig von ihrer Sprache einzubeziehen, die Freitagspredigt wird daher zumeist in zwei Sprachen gehalten, also in Arabisch und Deutsch oder Türkisch und Deutsch.

Die Vorstände sind darum bemüht, einen Imam für ihre Gemeinde zu finden, der sprachlich und kulturell zu ihren Mitgliedern passt und über eine solide Ausbildung in religiösen Fragen verfügt. Die Imame werden häufig für eine bestimmte Zeit bei der Moschee angestellt und von den Mitgliedern bezahlt. Teilweise übernehmen Vorstandsmitglieder, die bereits längere Zeit in Deutschland sind, dauerhaft die Funktionen des Imam. Für diese Imame ist nicht notwendigerweise der Abschluss einer bestimmten religiösen Ausbildung verpflichtend. Etwas anders verhält es sich in den Moscheen der DITIB, deren Imame von der türkischen Religionsbehörde entsandt und zentral koordiniert werden. So wird ihnen etwa das Thema der Freitagspredigt vorgegeben und sie absolvieren eine geregelte Ausbildung in der Türkei, bevor sie – im Allgemeinen für fünf Jahre – nach Deutschland entsandt werden. Auf diesem Gebiet sind für die Zukunft einige Veränderungen zu erwarten, da neue Programme zur Ausbildung deutschsprachiger Imame in der Türkei aufgelegt wurden, die insbesondere in Hinblick auf die sprachliche und interkulturelle Kommunikation zwischen Imam und Gemeinden neue Impulse versprechen. Da der Imam umfangreiche Aufgaben übernimmt, bedeutet diese Funktion für berufstätige Vorstandsmitglieder eine hohe zeitliche Belastung, die mit einer aufwendigen täglichen ehrenamtlichen Arbeit vergleichbar ist.

Somit sind Moscheen in Sachsen noch weitgehend unsichtbar. Die Moscheevereine, so zeigten unsere Besuche, sind bemüht, das Gemeindeleben zu organisieren. Zusätzlich entwickeln sie in ehrenamtlicher Arbeit Angebote, die nicht zuletzt auch dazu beitragen, Flüchtlingen die Integration in die deutsche Gesellschaft zu erleichtern.

Zum Weiterlesen

- Beinhauer-Köhler, Bärbel / Leggewie, Claus: Moscheen in Deutschland: Religiöse Heimat und gesellschaftliche Herausforderung. München 2009.
- Tan, Dursun: *Muslime als Träger sozialer Verantwortung*. In: Rohe, Mathias u.a. (Hg.): HCI. Bd. 2, Freiburg i. Breisgau 2014, S. 664–679.

1 Korn, Lorenz: Die Moschee: Architektur und religiöses Leben. München 2012, S. 9.
2 Für eine ausführliche Darstellung zur Prophetenmoschee in Medina siehe Behrens, Marcel: Ein Garten des Paradieses. Die Prophetenmoschee von Medina. Würzburg 2007.
3 Frishman, Martin / Khan, Hasan-Uddin (Hg.): Die Moscheen der Welt. Köln 2002. S. 30–32.
4 Chebel, Malek: Symbole des Islam. Augsburg 1999, S. 72 ff.
5 Zu den Bauelementen der Moschee siehe Frishman: Die Moscheen der Welt, S. 32–41.
6 Heine, Peter: Einführung in die Islamwissenschaft. Berlin 2009, S. 159 f.
7 Es existieren allerdings auch Gebetsräume ohne Vereinsanschluss, wie z. B. im Flughafen Halle-Leipzig, an verschiedenen Arbeitsstätten und an der TU Chemnitz. Die Funktion dieser Räume besteht einzig in der Bereitstellung eines geeigneten Ortes für die Gebete und entbehrt der bei Moscheen üblichen sozialen Komponente eines Gemeindezentrums.
8 Halm, Dirk / Sauer, Martina / Schmidt, Jana / Stichs, Anja: Islamisches Gemeindeleben in Deutschland. Nürnberg 2012, hg. vom BAMF / Deutsche Islam Konferenz (Hg.), S. 210. Zu verfassungsrechtlichen Grundlagen und Möglichkeiten religiöser Zusammenschlüsse siehe Bundesministerium des Innern (Hg.): Religionsverfassungsrecht (2015), bmi.bund.de/DE/Themen/Gesellschaft-Verfassung/Staat-Religion/Religionsverfassungsrecht/religionsverfassungsrecht_node.html (29. 09. 2015), und weiterführende Links.

Tarek El-Sourani und Marcus Schoft

Als Imam in Sachsen

Theologen zwischen Religion, Integration und Alltagsproblemen

»Es treffen sich zwei arbeitslose Muslime. Sie mieten eine Hinterhofgarage und nennen sie Moschee. Der eine von ihnen wird Imam, der andere Freitagsprediger.«[1] Mit diesen Worten kommentierte einst der bekannte Mufti von Marseille Soheib Bensheik das sogenannte Hobbytheologentum, das nach seiner Sicht und der vieler Deutscher in Hinterhöfen praktiziert wird. Aber längst nicht alle Moscheen befinden sich in Hinterhöfen, und schon gar nicht sind Imame nur Laienprediger. Oftmals sind sie gut ausgebildete Theologen, die den Glauben artikulieren und vorleben. Sie besitzen gute Kenntnisse des Korans und seiner Exegese, kennen die Prophetentradition und das islamische Recht.

Ursprünglich bedeutet Imam »Vorbeter«, also derjenige, der die täglichen fünf Gebete leitet. Nach islamischem Recht handelt es sich bei der Rolle des Imams um eine Funktion und nicht um ein offizielles Amt.[2] Auch ist Imam keine geschützte Berufsbezeichnung. Jeder männliche Muslim, der die nötigen Gebetsformeln und Koranverse auswendig kann, kann also theoretisch als Imam wirken.[3] Das Leiten der täglichen Gemeinschaftsgebete, die wöchentliche Freitagspredigt sowie Koranrezitation haben sich im Verlauf der Geschichte als die grundlegenden Aufgaben eines Imams in jeder Gemeinde herausgebildet. In den meisten Fällen reicht dies aber nicht aus, um als Gemeindeoberhaupt anerkannt zu werden.

Mit dem Wandel vieler deutscher Moscheegemeinden hin zu soziokulturellen Bildungszentren hat sich der Funktionsbereich der Imame erweitert.[4] Imame werden verstärkt auch außerhalb ihrer Moscheegemeinden eingesetzt. Auch die Politik hat erkannt, dass Imame wichtige integrative Funktionen übernehmen könnten. So kritisierte der CDU-Politiker Bülent Arslan schon 2006, dass die Bedeutung der Imame völlig unterschätzt werde. »Sie sind angesehen und haben Zugang zu Migranten, die oft am Rand der deutschen Gesellschaft stehen. Sie könnten ›zu Schlüsselfiguren der Integration werden‹. Wenn sie denn selbst integriert wären.«[5] Die ehemalige niedersächsische Ministerin für Soziales und Integration, Aygül Özkan, betonte 2010, als an der Universität Osnabrück der erste deutsche Studiengang Islamische

Theologie zur Ausbildung von Imamen eröffnet wurde, dass der Imam in Deutschland »längst nicht mehr allein traditioneller Vorbeter« sei, sondern eine Art »Brückenbauer zur Mehrheitsgesellschaft«.[6]

Um in diesem komplexen Feld zu bestehen, haben die Imame heute je nach Verband und Gemeinde unterschiedliche Kriterien zu erfüllen und in den meisten Fällen eine komplexe Ausbildung vorzuweisen. Angesichts der großen Anzahl verschiedener islamischer Gemeinschaften, Moscheegemeinden und Verbände sind Ausbildung, Herkunft und Anliegen der Imame fast so vielfältig, wie es Gemeinden gibt. Im Wintersemester 2014/15 waren laut Bundesministerium für Bildung und Forschung mehr als 1500 Studenten in Bachelor- oder Masterstudiengängen der Islamischen Theologie eingeschrieben. Neben Osnabrück gibt es inzwischen größere Institute in Erlangen, Münster, Frankfurt und Tübingen. Doch aufgrund dogmatischer Unterschiede werden nicht alle eingerichteten Studiengänge von allen Verbänden empfohlen oder unterstützt. Beispielsweise betreiben Ahmadiyya und DITIB nach wie vor eigene Einrichtungen.

Fünf Jahre nach der Eröffnung erster Zentren für Islamische Theologie ist der Mangel an gut integrierten deutschen Imamen nach wie vor akut. So kritisiert der Vorsitzende des Zentralrats der Muslime, Aiman Mazyek, dass die Imam-Ausbildung in Deutschland noch immer in den Kinderschuhen stecke.[7]

Imame sind ihren nichtislamischen Mitmenschen zumeist völlig unbekannt. In prominenten Talkshows und öffentlichen Diskussionen werden oft umstrittene Imame eingeladen, wie zum Beispiel der Leipziger Hassan Dabbagh, der »Imam von Sachsen«[8]. Er wird vom Verfassungsschutz observiert und von vielen Muslimen stark kritisiert.

Im Folgenden kommen vier Imame aus Sachsen zu Wort. Um die beiden größten Verbände zu repräsentieren, haben wir Dzavid Preljević von der bosniakischen Gemeinde Leipzigs und den Imam der türkischen DITIB-Gemeinde in Chemnitz befragt. Außerdem sprachen wir mit dem Imam der Ahmadiyya-Gemeinden in Berlin und Sachsen, Said Arif, sowie dem arabischen Imam Abu Adam.

Fremd in Deutschland

Bis auf den letzten Platz ist der Gebetsraum gefüllt. Ein junges Gemeindemitglied rezitiert Koranverse, bevor der Imam vortritt und seine Predigt hält. Das ist das Bild, das sich in den meisten deutschen Moscheen am Freitag bietet. Nach dem abschließenden Gebet leert sich die Moschee schnell, der Imam gibt noch einmal allen die Hand.

Seit 2011 treffen sich Bosniaken und andere Muslime in dem unscheinbaren Mietshaus in der Leipziger Apostelstraße, um gemeinsam zu beten. Nach dem Freitagsgebet treffen wir Imam Dzavid Preljević, der uns, eben noch in Predigergewand und jetzt schon in Jeans und Hemd, zu Snacks und Tee im Nebenraum einlädt. Mit ruhiger Stimme erzählt er von seiner Jugend, während ein Gemeindemitglied Satz für Satz aus dem Bosnischen übersetzt. Geboren wurde Dzavid Preljević 1971 im Süden des damaligen Jugoslawien, in der kleinen Provinzstadt Tutin. In Titos sozialistischem Jugoslawien gab es nur drei Koranschulen. An subventionierte Imam-Ausbildung an staatlichen Universitäten, so wie es sie heute gibt,[9] war damals nicht zu denken. Dzavid Preljević ging deshalb 1986 nach Sarajevo, wo er eine *Madrasa*, eine islamische Schule, besuchen konnte. Danach studierte er an der Islamischen Fakultät für angehende Imame und Prediger im türkischen Izmir.

Warum er trotz der schwierigen Umstände Imam werden wollte? Die Antwort auf diese Frage scheint ihm ganz selbstverständlich, es lag am Umfeld. »Tutin war eine Stadt mit mehr als 90 Prozent Muslimen, und auch meine Familie war natürlich muslimisch, der Islam hat schon seit meiner Kindheit einfach dazu gehört.«

Ein ähnliches Bild zeichnet sich im Gespräch mit einem Imam des türkischen Verbandes DITIB in Chemnitz ab. Auch hier spricht der Imam in entspannter Atmosphäre nach dem Freitagsgebet, übersetzt wird vom Vorsitzenden der Gemeinde. Seinen Namen möchte der türkische Imam aber lieber nicht veröffentlicht sehen, schließlich ginge es ja weniger um seine Person, als um das Amt, das er ausführt.

Er ist in der Türkei geboren und aufgewachsen. Sein Ausbildungsweg ist typisch für den eines DITIB-Imams: Diese haben in der Regel die sogenannten *Imam-Hatip*-Schulen besucht, staatlich organisierte Fachgymnasien. Nur wer die erfolgreich abgeschlossen hat, darf an der Universität Theologie studieren. Nach Angaben von DITIB haben rund 70 Prozent der Imame ein vierjähriges Theologiestudium abgeschlossen. Die verbleibenden 30 Prozent wurden durch einen zweijährigen Aufbaustudiengang fortgebildet. Im Hinblick auf die fremde Sozialisations- und Sprachproblematik hat das Diyanet, das türkische Präsidium für Religionsangelegenheiten in Ankara, 2006 den Studiengang Internationale Theologie in Ankara und Istanbul eingerichtet.[10] Als der Chemnitzer Imam studierte, gab es diese Einrichtung noch nicht, er besuchte die Universität in Eskişehir.

Der türkische Imam hatte sich bewusst für die Arbeit im Ausland entschieden. In der Türkei gibt es ein strenges Prüfungssystem für angehende Imame. Wer ins europäische Ausland möchte, muss die entsprechende Prüfung gut bestehen. Von der Diyanet-Behörde werden die Imame dann auf die einzelnen Länder verteilt.

Dzavid Preljević hingegen war nach dem Studium zunächst in seiner Heimatprovinz Tutin als Geistlicher tätig. Doch dann brauchte die Leipziger Gemeinde dringend einen Imam. Sie baten Dzavid, den sie von früher kannten, zu kommen. Er entsprach der Bitte: »Es war wichtig für mich, dass meine Landsleute nicht den Glauben verlieren.«

Für beide Imame beginnt der Arbeitsalltag im Morgengrauen mit dem ersten Gebet und endet meist erst mit dem Abendgebet in der Moschee. Am Samstag und Sonntag geben sie den Kindern der Gemeinde Koran-Unterricht, aber auch sonst sind sie ständig unterwegs. »Es ist ein 24-Stunden-Job«, bestätigt der türkische Imam: Hochzeiten, Begräbnisse, Beschneidungen und auch Familien- oder Ehestreitigkeiten – ständig werden die Imame auch außerhalb der Moschee von ihren Gemeindemitgliedern gebraucht.

Beiden fällt es nicht leicht in Deutschland. Neben der Sprachbarriere tut sich Dzavid Preljević vor allem mit der Größe der Stadt schwer. »Tutin war kleiner und die Gemeinde hat sich unter der Woche öfters getroffen. Hier sehe ich die meisten nur einmal in der Woche.« Die Leipziger ist eine von 76 Gemeinden, die im Dachverband der Islamischen Gemeinschaft der Bosniaken in Deutschland organisiert sind. Rund 200 Mitglieder hat die Gemeinde, darunter kommen viele auch aus Merseburg, Grimma, Halle oder Eisleben. Dzavid Preljević arbeitet gern in Deutschland: »Ich finde es toll, wie geordnet hier alles ist. Auch sozial. Die deutschen Gesetze funktionieren hervorragend mit den islamischen zusammen.«

Zotteliger Bart und Gebetstuch

Imam Abu Adam ist äußerlich das genaue Gegenteil zu dem türkischen oder dem bosnischen Geistlichen. Er passt vielmehr in das Klischee eines bärtigen Predigers. Einen Termin mit ihm zu bekommen, ist nicht einfach. In Leipzig, wo er mit seinen vier Frauen und 15 Kindern wohnt, ist er selten anzutreffen. Er ist in ganz Deutschland als Experte für Deradikalisierung und Prävention islamistischer Gewalt gefragt. Er betreut Jugendliche, die sich radikalisiert haben oder sogar schon im Krieg in Syrien waren, und berät Familien, deren Kinder von den Dschihadisten in Syrien inspiriert sind. Er predigt als Mitbegründer und Imam der Münchner Moschee *Darul Quran* gegen religiöse Gewalt und arbeitet eng mit der gemeinnützigen Interventions- und Beratungsstelle *Hayat* in Berlin zusammen. Über deren Leiterin, Claudia Dantschke, kommt ein Gespräch mit ihm zustande.

Es ist der Beginn des Fastenmonats Ramadan und wir sitzen mit Hesham Shahshaa, wie er mit bürgerlichem Namen heißt, im abgedunkelten kühlen Wohnzimmer in einer alten Leipziger Vorstadtvilla, die er für seine Großfamilie bewohnbar gemacht hat. Er trägt ein weißes, bodenlanges Gewand. Immer wieder rückt er das weiße Kopftuch zurecht, während er erzählt, wie er zu seiner heutigen Profession gekommen ist.

Sich selbst bezeichnet Imam Abu Adam als Islamgelehrten. Wenn er beginnt, seine *Ijazas* – Lehrgenehmigungen für die islamischen Wissenschaften – aufzuzählen, ist er kaum zu stoppen. Er hat etliche davon in den verschiedensten Ländern erworben. Er ist zunächst in Libyen, dann in Ägypten aufgewachsen, wo er später in Kairo als Lehrer an der *Azhar*-Universität tätig war. Die Frage welcher islamischen Strömung er nahe steht, weist er von sich: »Ich habe in meinem Leben viele Gruppierungen und Bewegungen kennengelernt – Salafisten, Dschihadisten, Muslimbrüder und so weiter. Aber ich habe gemerkt: Jeder behauptet die wahre Religion zu haben, aber so einfach ist das nicht.« Inzwischen habe er seinen eigenen Weg gefunden.

»Nach Deutschland wollte ich eigentlich nie«, erklärt Imam Abu Adam. Zu einer Zeit, in welcher Muslimbrüder und andere religiöse Bewegungen in Ägypten verfolgt wurden, kam er über Umwege nach Rumänien und erhielt schließlich in Deutschland Asyl.

In der Vergangenheit war Imam Abu Adam in Deutschland vor allem in salafistischen Moscheen tätig. Bei den Sicherheitsbehörden stand er unter Verdacht extremistisches Gedankengut zu verbreiten, was sich nicht erhärtet hat. Jedoch erlebte er immer wieder Anfeindungen, wenn er gegen radikale Gedanken predigte. Ein prägendes Ereignis kurz nach dem 11. September 2001 habe ihn schließlich dazu gebracht, eine eigene Moschee in München zu gründen und religiösen Fanatismus zu bekämpfen: »Wir waren abends auf der Straße vor der Moschee, große Leute mit langen Bärten. Und dann kam eine junge Dame, die sichtlich Angst vor uns hatte. Und als sie vorbeilief, sagte sie ›Grüß Gott‹, aber dabei meinte sie nur ›macht mir nichts Schlimmes.‹ Und einer von diesen schrecklichen Menschen schrie sie an, und die Frau kippte in Ohnmacht.«

Es könne nicht sein, dass Menschen so behandelt würden, sagt Abu Adam. Deshalb engagiere er sich dafür, dass Muslime respektvoll miteinander, und vor allem mit der Gesellschaft, in der sie leben, umgehen: »Für mich heißt das, Konflikte lösen und nicht selber ein Problem sein. Wenn du diese Gesellschaft nicht magst, dann suche dir eine andere.« In seiner Moschee wird genau das gelebt. Jeder ist dort willkommen. »Die Moschee ist ein Haus Gottes. Also es ist nicht deines, oder Muhammeds, oder Ibrahims [Abrahams]: Alle können kommen – gleich welchen Geschlechts und welcher Religion«, sagt Abu Adam.

Sein Handeln gegen dschihadistische Propaganda, das der Imam laut in Zeitungsartikeln und TV-Beiträgen artikuliert, gefällt nicht allen. Vor allem aus dem salafistischen Milieu hat Imam Abu Adam mit Anfeindungen bis hin zu Morddrohungen zu kämpfen. Seit einiger Zeit begleitet ihn ein Bodyguard. »Ich bin im Krieg gegen die Radikalen, sie haben mich beleidigt und beschimpft als Ungläubigen, Abtrünnigen, Informanten usw. – die wollten mich stoppen.«

Mittlerweile begegnet Abu Adam solchen Drohungen mit Humor. Auch Vorurteilen gegen Muslime könne man so am besten begegnen, findet er: »Es liegt an uns. Wenn man glaubt, dass es tugendhaft ist, grimmig zu schauen, natürlich denken die Menschen dann schlechte Dinge.«

Zum Abschied holt Abu Adam noch Datteln aus dem Auto. Zum Ramadan gehören die schließlich dazu. Als eine Passantin vorbeikommt, drückt er ihr sein Handy in die Hand: »Lasst noch schnell ein Foto machen, Jungs«, sagt er und beschenkt auch die Passantin mit Datteln.

Jung und deutsch

Man kommt kaum auf die Idee, dass der 30-Jährige Said Arif das geistliche Oberhaupt von sieben Ahmadiyya-Gemeinden in Berlin und Sachsen ist. Viel eher könnte man sich vorstellen, mit ihm auf dem Bolzplatz ein bisschen Fußball zu spielen. Nur seine Gebetskappe lässt erahnen, dass er Geistlicher ist.

Zum Gespräch empfängt uns Said Arif in den Räumlichkeiten der Leipziger Ahmadiyya-Gemeinde (siehe Beitrag von T. Bioly). Wie eine Moschee sieht die alte Mietswohnung in der Leipziger Eisenbahnstraße nicht aus. Ein heller Flur führt ins Wohnzimmer, wir nehmen auf großen Sofas Platz, es gibt Tee und Kuchen für uns. Said Arif verzichtet, es ist schließlich Ramadan. An Freitagen kommen bis zu 70 Muslime aus Leipzig und Umgebung in die Dreizimmerwohnung, um gemeinsam zu beten.

Platzmangel werde es in der neuen Moschee in Leipzig-Gohlis nicht mehr geben, versichert Said Arif. Sie wird das erste Gotteshaus seiner Gemeinschaft in den neuen Bundesländern, Baubeginn ist 2016. Das hat große Debatten ausgelöst und Ressentiments geschürt. Der Streit gipfelte in einem Anschlag auf das Baugelände.

Er hatte sich mit 18 Jahren nicht vorstellen können, dass er sich mit solchen Problemen beschäftigen muss. Damals habe er entschieden, Imam zu werden, erklärt Said Arif in hessischem Dialekt. Eigentlich wollte er Medizinische Informatik studieren. »Während meines Fachabiturs entschied ich mich dann doch für Islamische Theologie.« Im Alter von 18 Jahren verließ er deshalb seine Heimat Wiesbaden. Dies sei ein harter Schritt gewesen, immerhin bedeutete es, sieben Jahre für das Studium im kanadischen Vancouver zu verbringen. »Es braucht einfach Ausdauer, Entschlossenheit, und man muss stark sein, um das lange Studium abzuschließen«, erklärt er. Von den 22 Kommilitonen, die mit ihm angefangen haben, hätten letztlich nur sieben mit ihm abgeschlossen. Vor allem das vierte und fünfte Jahr waren besonders hart. »Da wird das ganze theologische Wissen vermittelt, also Koraninterpretation, Überlieferungsgeschichte, Rechtsverständnis, all diese Themen, die typisch theologisch sind. Auch Dialektik, Geschichte, Biografie des Propheten und verschiedene andere Quellen.«

Dass Said Arif nach Deutschland zurückkehren konnte, war nicht selbstverständlich. Als Imam steht er im Dienst der Ahmadis weltweit und wird dorthin versetzt, wo er gebraucht wird. »Als ich 2012 in Deutschland geheiratet habe, hat mich der Kalif hier eingesetzt, weil ich Deutsch kann.«

Als Imam hat der junge Geistliche nun nicht nur seelsorgerische Aufgaben, sondern auch repräsentative. Oft ist er im Dialog mit muslimischen Vertretern von anderen Moscheen und Verbänden. Einfach ist das selten: »Es gibt zwar inzwischen einige Gesprächsmöglichkeiten zwischen den Verbänden, zum Beispiel beim Runden Tisch der Religionen in Leipzig. Aber so im Kleinen hab ich irgendwie das Gefühl, man geht sich lieber aus dem Weg. Da sind keine Konflikte, aber man fällt sich auch nicht in die Arme.«

Mehr Imame braucht das Land

Vor allem zwei Probleme sind in den Interviews mit den vier Imamen immer wieder deutlich geworden. Einerseits ihre enorme Arbeitsbelastung, andererseits die Sprachbarriere, der vor allem die Imame der größeren Gemeinden gegenüberstehen. Sowohl Dzavid Preljević als auch der Imam der DITIB-Gemeinde in Chemnitz beherrschen kaum die deutsche Sprache. Bei seelsorgerischen Aufgaben innerhalb der Gemeinde mag das kein Problem sein. Doch wie Said Arif und Abu Adam verdeutlichten, fällt das Alltagsgeschäft denjenigen Imamen leichter, die das gesellschaftliche Umfeld, aber auch die Nöte und Sorgen Einzelner entsprechend gut verstehen und nachvollziehen können.

Während der türkische und der bosnische Imam zwar auf administrative Unterstützung ihrer Verbände zurückgreifen können, sich dabei aber mit der Sprache und kulturellem Wissen schwer tun, verhält es sich bei Imam Abu Adam und Said Arif genau andersherum. Beide können durch sprachliche Kompetenz und kulturelles Verständnis integrativ wirken. Insbesondere Said Arif kommt als Deutschem eine wichtige Rolle zu. Andererseits können beide nur wenig ausrichten, da sie mit strukturellen Problemen kämpfen. So fehlen Räumlichkeiten und Personal. »Es gibt hier einfach nicht genügend Imame, die die Menschen aufklären! Es fehlt Personal für gesellschaftliches und soziales Engagement«, erklärt Imam Abu Adam. Auch für Said Arif ist es schwierig, integrativ zu wirken. Wie die meisten seiner Kollegen ist er Vollzeit eingespannt. »Man muss sich das mal vorstellen: Die Ahmadiyya hat 37 000 Mitglieder in Deutschland und gerade mal 23 Imame.«

Die hohe Bedarfslage führt die Imame vor neue Anforderungen und vielfältige Probleme, welche sie nicht alleine bewältigen können, sondern nur in Zusammenarbeit mit anderen gut ausgebildeten und vor allem gut integrierten Imamen. In Zukunft wird sich die Lage sicherlich etwas entspannen, hofft Arif. Die deutschen Studiengänge zur Imamausbildung haben gerade ihre ersten Absolventen. Sie warten nun darauf, Moscheen zugewiesen zu werden. Arif ist sich sicher: »Es wird jetzt von Jahr zu Jahr besser.«

1 Abou-Taam, Marwan / Bigalke, Ruth (Hg.): Die Reden des Osama bin Laden. München 2006, S. 12.

2 Rauf, Ceylan: Die Prediger des Islam. Imame – wer sie sind und was sie wirklich wollen. Bonn 2010, S. 21.

3 Rauf: Die Prediger des Islam, S. 26.

4 Ebd., S. 65.

5 Spiewak, Martin: *Islam. Vorbeter aus der Fremde*, in: DIE ZEIT, 21.09.2006.

6 Wiegand, Ralf: *Imam-Ausbildung an deutscher Uni. Brückenbauer im Hörsaal.* In: Süddeutsche Zeitung, 11.10.2010.
7 Dpa / IslamiQ: *Mehr Imam-Ausbildungen im Inland.* 2015. In: IslamiQ, 06.05.2015, islamiq.de/?p=10200 (20.08.2015).
8 Musharbash, Yassin: *Islam im TV. Maischberger, Christiansen und der doppelte Imam.* (2006). In: SPIEGEL ONLINE, 14.09.2006, spiegel.de/kultur/gesellschaft/a-437136.html (18.08.2015).
9 Schoft, Marcus: Vom Hörsaal in die Moschee. In Bosnien und Herzegowina werden Imame an der Universität ausgebildet. Radiobeitrag für »Tag für Tag«, Deutschlandfunk, 28.09.2012.
10 Heimbach, Marfa: Verschiedene Ausbildungswege zum Islam (2009). Deutsche Islam Konferenz (Hg.), deutsche-islam-konferenz.de/DIK/DE/Magazin/Gemeindeleben/Imamausbildungen/imamausbildungen-inhalt (20.08.2015).

Tom Bioly

Die Ahmadiyya: Dialog – Mission – Islamisierung?

Der (Grund-)Stein des Anstoßes

Die geplante Moschee der Leipziger Ahmadiyya-Gemeinde im Stadtteil Gohlis – Baubeginn ist Sommer 2016 – sorgt ungebrochen für Aufregung. Aus Sicht etwa der Bürgerinitiative »Gohlis sagt Nein!« oder der LEGIDA-Bewegung handelt es sich dabei um einen Ausdruck der »Islamisierung« Deutschlands. Diese Befürchtung steht auf den ersten Blick im Einklang mit der offiziellen Agenda der Ahmadiyya Muslim Jamaat (AMJ): Deren Führung strebt nach einer weltweiten Verbreitung ihrer Interpretation des Islams, schwärmt von angeblich enormen Wachstumsraten und versteht mit Blick auf Deutschland insbesondere das 100-Moscheen-Projekt als Bestandteil ihres Missionsplans. Die Befürworter des Moscheebaus betonen auf der anderen Seite den Integrationswillen, die Staatstreue sowie die Friedfertigkeit der Ahmadiyya und verweisen auf die Religionsfreiheit.

Wer aber sind diese Ahmadis, die unter dem Motto »Liebe für alle, Hass für keinen« auf sich aufmerksam machen? Was sind ihre Ziele und Methoden? Und sind Vorbehalte gegenüber dieser Gemeinschaft berechtigt? Geht man diesen Fragen auf den Grund, stellt sich heraus, dass Vorstellung und Wirklichkeit hinsichtlich der Ahmadiyya und ihres öffentlichen Auftretens – auf allen Seiten – häufig auseinanderklaffen.

»Eine Sekte – und dann auch noch eine islamische!«

Über die konfessionelle Vielfalt des Islams ist gemeinhin – abseits der Unterscheidung von Sunniten und Schiiten – wenig bekannt. Innerhalb dieses Spektrums bildet die Ahmadiyya eine noch relativ junge Sondergemeinschaft. Gegründet wurde sie Ende des 19. Jahrhunderts in Britisch-Indien durch Mirza Ghulam Ahmad (1835–1908). Dessen Auftreten als Messias markiert das zentrale Alleinstellungsmerkmal gegenüber anderen islamischen Gruppierungen. In seiner Nachfolge wurde von seinen Anhängern ein Kalifat eingerichtet. Diese islamische Herrschaftsform bildet die Grundlage für die hierarchische, zentralisierte und überaus effiziente Organisation der Gemeinschaft. Wegen islamisch-theologischer Differenzen – hauptsächlich des messianischen Anspruchs ihres Gründers – und ihres starken missionarischen Engagements erleiden die Ahmadis bis heute zum Teil schwerste Verfolgung in einigen muslimisch dominierten Staaten, insbesondere Pakistan. So handelt es sich auch bei der Leipziger Gemeinde vorwiegend um pakistanische Einwanderer. Ihre 65 Mitglieder bilden einen Teil der insgesamt rund 35 000 in Deutschland und der mehreren Millionen weltweit.[1]

Nur die wenigsten Motive der Moscheebau-Gegner haben unmittelbar mit der Ahmadiyya zu tun. Ein Großteil lässt sich auf diffuse Überfremdungsängste und islamfeindliche Vorurteile zurückführen. Daneben spielen einige profane Angelegenheiten eine Rolle. Der folgende Auszug aus dem rechtspopulistischen Internetportal *Politically Incorrect* (PI) fasst zusammen: »Man befürchtet eine Islamisierung des ganzen Stadtteils, ein unerträgliches vermehrtes Verkehrsaufkommen, eine erhebliche Zunahme der Straftaten und auch Unruhen innerhalb der Moslemgemeinschaft.«[2]

Wesentlich geringer verbreitet ist die direkte Kritik an der Ahmadiyya. Skepsis ruft ihr Status als Sondergemeinschaft bzw. umgangssprachlich »Sekte« hervor. Gepaart mit ihrer Beheimatung im Islam verschafft ihr das hierzulande eine doppelt schlechte Ausgangsposition. Darüber hinaus geben etwa kirchliche Weltanschauungsbeauftragte die puritanisch-konservative Ideologie und Praxis der Gruppe zu bedenken, insbesondere die relativ strikte Geschlechtertrennung.[3] Als hauptverantwortlich für eine regelrechte Dämonisierung der Ahmadiyya im islamkritischen bis -feindlichen Spektrum muss die deutsche Sozialwissenschaftlerin Hiltrud Schröter (1941–2010) gelten, die in diesen Kreisen rezipiert wird. Sie vertritt die These, die AMJ sei »eine mit Hilfe von Religion nach Macht strebende Elite und eine ausgebeutete Gefolgschaft«[4]. Hochgradig polemisch unterstellt sie der Bewegung u. a. Verfassungsfeindlichkeit und Parallelen zum Nationalsozialismus. Die Ahmadiyya strebe nach der Weltherrschaft und – damit verbunden – der Vernichtung des Christentums. Zur Untermauerung führt sie Zitate aus Schriften des Gründers und der Kalifen an, darunter das folgende: »Beim ersten Aufstieg des Islams war der Untergang der christlichen Völker nicht endgültig, aber sein Wiederaufstieg in unserer Zeit wird die vollständige Verdrängung der Lehrsätze des heutigen Christentums herbeiführen.«[5]

Nun klingen Sätze wie dieser zugegebenermaßen bedrohlich. Und in der Tat geht die Polemik aus der Anfangszeit der Ahmadiyya häufig »deutlich über die ›übliche‹ muslimische Kritik am Christentum hinaus.«[6] Wie ist das zu bewerten? Hat sich die Ahmadiyya tatsächlich die vielbeschworene »Islamisierung« Deutschlands und der ganzen Welt auf die Fahne geschrieben? Hierzu ist es notwendig, den Missionsanspruch der Ahmadiyya und seine Verwirklichung in den Blick zu nehmen.

Tabligh – die »Mission« der Ahmadiyya

Typisch für messianische Bewegungen ist ein ausgeprägtes Sendungsbewusstsein. So gilt es auch den Ahmadis als höchste Pflicht – neben dem Gehorsam gegenüber dem Kalifen –, ihre Interpretation des Islams zu verbreiten: »Sie [die AMJ] beansprucht, dass allein sie der Welt den wahren vor mehr als 1300 Jahren offenbarten Islam darbietet und es ihre besondere Aufgabe ist, die Menschheit mit den grenzenlosen, geistigen Schätzen des Heiligen Qurān zu bereichern.«[7] Sie versteht sich in diesem Sinne also nicht nur als eine *inner*-islamische Reformgemeinde, wie es in Selbstdarstellungen gelegentlich anklingt. Der Gründer Mirza Ghulam Ahmad prophezeite im Jahr 1889, binnen 300 Jahren würde sich die gesamte Menschheit zum Ahmadiyya-Islam bekehren.

Bemerkenswert ist, dass die Verbreitung auf rein friedlichem Wege durch das »Überbringen der Botschaft« geschehen soll. Der islamisch-arabische Ausdruck hierfür lautet *tabligh*. In diesem Kontext muss auch der gegenwärtige Slogan »Liebe für alle, Hass für keinen« gesehen werden. Darin spiegelt sich deutlich die eigene Verfolgungsgeschichte der Gruppe wider.

Die endzeitliche Hoffnung auf eine Bekehrung aller Menschen prägt die Spiritualität der Ahmadiyya. Entsprechend ist die »Missionsarbeit« – Dreh- und Angelpunkt ihres öffentlichen Auftretens – in wirklich beeindruckendem Maße organisiert. In bester Marketingmanier erarbeitet man jährlich globale, regionale und lokale *Tabligh*-Pläne. Anhänger, insbesondere Gemeindeleiter, werden in Seminaren geschult und geben regelmäßig Auskunft über ihre Aktivitäten und Erfolge auf diesem Gebiet.

Dabei bildet »offensichtliche« Werbung in Form von Flugblattaktionen, Infoständen oder der Literaturproduktion im hauseigenen Verlag »Der Islam« nur einen Teil der Arbeit. Die eigene Koranübersetzung wird interessanterweise nicht kostenlos verteilt – man wünscht sich eine gewisse Wertschätzung für das Werk. Die Ahmadiyya betreibt darüber hinaus einen Fernsehsender namens Muslim Television Ahmadiyya (MTA), der zwar in Europa kaum, im arabischen und südasiatischen Raum allerdings rege Beachtung findet. Die verschiedenen Websites[8] wirken äußerst professionell. Jüngst wurde eine deutsche 24-Stunden-Hotline für Fragen zum Islam und zur AMJ im Speziellen eingerichtet. Den enormen finanziellen Aufwand für all dies schultert man, abseits von Spenden und dem Erlös aus Verkäufen, über den verhältnismäßig hohen monatlichen Beitrag der Mitglieder von einem Sechzehntel ihres Einkommens.

Zusätzlich bemüht man sich auch auf subtilere Weise um öffentliche Wahrnehmung und eine positive Selbstdarstellung. Der Kontakt zu wichtigen Personen und Institutionen des öffentlichen Lebens,[9] die Teilnahme an interreligiösen Dialogveranstaltungen, karitative Arbeit und soziale Dienstleistungen (wie die Neujahrs-Aufräumarbeiten in vielen Städten, auch in Leipzig): All das dient dem Ziel, die AMJ als a) eine engagierte, integrative und kooperative Gemeinschaft und b) den Ansprechpartner für islamische Fragen schlechthin – entgegen ihrer tatsächlichen zahlenmäßigen Relevanz – zu präsentieren.

Tabligh erfüllt wichtige gemeinschaftsinterne Funktionen, die nicht immer auf den ersten Blick ersichtlich sind. Das gilt etwa für Zielvorgaben wie das »100-Moscheen-Projekt«: Im Jahr 1989 hatte der damalige Kalif Mirza Tahir Ahmad (im Amt 1982–2003) anlässlich des 100-jährigen Bestehens der Gemeinschaft zum Bau von 100 Moscheen in Deutschland innerhalb von zehn Jahren aufgerufen. Dem Außenstehenden erscheinen Pläne wie dieser womöglich als rein expansionistisch – oder wie es die Schröter-Anhänger auf PI ausdrücken: als »Landnahme«.[10] Dabei dienen solche »Missions«-Ziele in Verbindung mit den Berichtmechanismen in erster Linie dem internen Ansporn der Anhängerschaft, der Gemeinschaftskonsolidierung und der Gruppenkontrolle.[11]

Es muss in diesem Rahmen auch auf einen Umstand hingewiesen werden, den Panikmacher aus dem islamfeindlichen Spektrum beharrlich unterschlagen: Scheinbar konkrete Ziele wie das 100-Moscheen-Projekt oder die jüngste Forderung, jede Ahmadi-Familie solle bis zum Jahr 2023 mindestens einen Konvertiten gewinnen, sind in Wirklichkeit Ideale mit Symbolkraft. Das lässt sich nicht zuletzt daran festmachen, dass sie fast immer rasch relativiert werden, so auch das 100-Moscheen-Projekt. Dementsprechend versichert auch der Leipziger Imam Said Ahmad Arif[12] für den Fall, dass bestimmte Vorgaben – was die Regel ist – nicht erfüllt werden, mit einem Lachen: »Da gibt es keine Strafmaßnahmen.«

»Alles hat seine Zeit.« – Der Misserfolg der Missionsbemühungen in (Ost-) Deutschland

Die Ahmadiyya-Bewegung hat sich seit ihrer Gründung tatsächlich auf der ganzen Welt ausgebreitet. Vor allem in Afrika und Südasien erlebt sie regen Zulauf. Das schmälern auch die häufig übertriebenen Angaben zu Mitgliederzahlen nur bedingt.[13] Auch in Europa und insbesondere Deutschland konnte die Gemeinschaft in Kreisen konvertierter Akademiker und ausländischer Studierender bereits früh Fuß fassen. 1924 wurde in Berlin-Wilmersdorf eine noch heute genutzte Moschee errichtet.[14] Das im indischen Mogul-Stil errichtete Bauwerk, das eine Kuppel und zwei Minarette aufweist, steht unter Denkmalschutz. Auch erhält die Ahmadiyya hierzulande – gemessen an der vergleichsweise geringen Zahl ihrer Anhänger von nur 35 000 – gegenüber anderen muslimischen Konfessionen eine unverhältnismäßig hohe öffentliche Aufmerksamkeit. In Hessen, wo die meisten Ahmadis beheimatet sind, wurde sie 2013 als erste islamische

Körperschaft des öffentlichen Rechts anerkannt. Das kann der Öffentlichkeitsarbeit der AMJ als Erfolg zugeschrieben werden und muss zugleich als wichtiger politischer Schritt auf dem Weg zur Gleichstellung von Muslimen gesehen werden.

Ganz anders sieht es allerdings mit Blick auf tatsächliche Bekehrungen aus. Bis heute gilt, dass es sich weltweit bei den meisten »Konvertiten« zur Ahmadiyya bereits um Muslime handelt, die zuvor einer anderen Konfession anhingen. Die meisten von ihnen haben einen pakistanischen Migrationshintergrund.[15] Der Eindruck, die Mission sei mit Blick auf Deutschland auch unter der alteingesessenen Bevölkerung erfolgreich, ist eventuell verzerrt durch einige »berühmte« Personen in der deutschen Führungsriege. Dazu gehören der 2011 verstorbene Pressesprecher Hadayatullah Hübsch und der derzeitige Bundesvorsitzende Abdullah Uwe Wagishauser (im Amt seit 1984). Genaue Zahlen von deutschstämmigen Konvertiten sind nicht bekannt – das heißt zumindest für die alten Bundesländer und Berlin. Für die kleinen Gemeinden im Osten Deutschlands (neben Leipzig in Dresden, Chemnitz und Erfurt) kann man es genau beziffern: Nach Auskunft des Imams gibt es *keinen Einzigen*.

Es lässt sich unumwunden von einem »gewissen Versagen, Konvertiten zu gewinnen und jährliche Ziele zu erreichen«[16] sprechen. Pfarrerin Uta Gerhardt, Weltanschauungs- und Sektenbeauftragte der Evangelischen Kirche in Leipzig, benennt einige Gründe hierfür mit besonderem Blick auf Ostdeutschland: Eine grundlegende Hürde bilden sprachliche Defizite und die kulturelle Distanz der Bewegung. Entscheidend sei weiterhin die »Religionsresistenz« vieler Bürger in einer der säkularsten Regionen der Welt. Die doppelte Skepsis gegenüber einer »islamischen Sekte« wurde bereits angesprochen. Hinzu komme in diesem Zusammenhang auch ein stark negativ besetzter Missionsbegriff. Für viele verbinde sich damit aufgrund eines einseitigen (Kirchen-)Geschichtsbildes in erster Linie Zwangsbekehrung.[17]

Der Imam Arif ergänzt hierzu das allgemeine Informationsdefizit über die Ahmadiyya in Deutschland. Nachholbedarf bestehe vor allem bei der Übersetzung theologischer Schriften sowie der Etablierung des MTA-Senders. Er gibt sich dennoch zuversichtlich: Alles habe seine Zeit. Er ist ungebrochen davon überzeugt, »dass die meisten Menschen den Islam als Bereicherung empfinden und ihn durch seine eigene Attraktivität anerkennen werden.« Man fragt sich als Außenstehender auf den ersten Blick, ob diese – man möchte fast sagen naive – Hoffnung nicht vielleicht das größte Hindernis für einen nachdrücklichen Missionserfolg der Ahmadiyya darstellt. Tatsächlich aber macht der Glaube der Ahmadis an die Versprechen ihres Gründers ja gerade ihren Charakter aus.

Fazit: Skepsis und Gottvertrauen

Die Diskussion um den Moscheebau der Ahmadiyya in Leipzig ist einerseits beispielhaft für den Islamdiskurs in Deutschland insgesamt. Vermittelnde Stimmen treffen auf verhärtete Fronten, und die betreffende muslimische Gemeinschaft versucht, sich im bestmöglichen Licht darzustellen.

Andererseits lassen sich mit Blick auf die Ahmadiyya einige Besonderheiten erkennen: Denjenigen Kritikern, die sich ein wenig mit der Gemeinschaft beschäftigt haben, erscheint sie durch ihren »Sekten«-Status noch verdächtiger als andere islamische Gruppen. Vor allem aber irritieren das starke Sendungsbewusstsein der Gruppe und die damit verbundene Polemik gegen andere Religionen.

In der Tat stellt dieses Selbstvertrauen der Ahmadiyya den interreligiösen Dialog vor Herausforderungen. Damit ist aber auch schon das größte Problem angesprochen. Überdies gehört die scharfe Polemik aus der Anfangszeit der Bewegung – ein Produkt der religiösen Konkurrenzsituation im damaligen Britisch-Indien – längst der Vergangenheit an.[18]

Vor einer bevorstehenden »Islamisierung« durch die AMJ muss man sich nicht fürchten – am wenigsten in Ostdeutschland. Den vollmundig verkündeten Missionszielen und Erfolgen auf institutioneller Ebene stehen übertriebene Mitgliederzahlen und ein beinahe kompletter Fehlschlag bei der Gewinnung nichtmuslimischer Konvertiten gegenüber. Ankündigungen wie die Bekehrung aller Menschen innerhalb weniger hundert Jahre erweisen sich daher als das, was sie sind: Prophezeiungen, endzeitliche Utopien und damit Glaubensüberzeugungen.

In verantwortlichen Positionen in Politik und Kirche ist längst erkannt worden, dass die Ahmadiyya keine Bedrohung darstellt, bzw. aus kirchlicher Sicht, wie es Pfarrerin Uta Gerhardt formuliert: »keine ernsthafte Konkurrenz«. Dementsprechend groß ist auch die Unterstützung vieler Leipziger Bürger für den Moscheebau in Gohlis, was hier keineswegs unerwähnt bleiben soll. Notwendig sei allerdings, so Gerhardt weiter, dass zusätzliche Möglichkeiten der Begegnung geschaffen werden. Dem ist zuzustimmen. Es wäre für alle Seiten wünschenswert, sich jenseits von Polemik und Propaganda einander anzunähern.

Zum Weiterlesen

- Hübsch, Khola Maryam: *Ahmadiyya in Deutschland.* In: Mathias Rohe u. a. (Hg.): HCI. Bd. 1, Freiburg i. Breisgau 2014, S. 171–188.

1 Für einen ausführlicheren Überblick empfiehlt sich Eißler, Friedmann: Kompakt-Infos Ahmadiyya. 2015, Evangelische Zentralstelle für Weltanschauungsfragen (Hg.), ezw-berlin.de/downloads/Flyer_Kompakt-Information_Ahmadiyya.pdf (26.07.2015).

2 Politically Incorrect (Hg.): Leipzig wehrt

sich gegen Ahmadiyya Moschee. 2013, pi-news.net/?p=367080 (26.07.2015).
3 Z.B. Eißler, Kompakt-Infos.
4 Schröter, Hiltrud: Die Ahmadiyya-Bewegung des Islam. Frankfurt a. Main 2002, S. 4.
5 Aus einem Korankommentar der AMJ, zitiert nach Schröter: Ahmadiyya-Bewegung, S. 2.
6 Schirrmacher, Christine: Die Ahmadiyya-Bewegung. 2007, Arbeitskreis Islam der Evangelischen Allianz, ead.de/arbeitskreise/islam/arbeitshilfen/ahmadiyya-bewegung (23.09.2015).
7 Gemäß dem zweiten Kalifen Mirza Bashir ud-Din Ahmad (im Amt 1914–1965): Hadhrat Mirza Baschir ud-Din Mahmud Ahmad: Ahmadiyyat. Der wahre Islam. Frankfurt a. Main 2012 (Original erschienen 1924), S. 55.
8 Die deutsche Internetpräsenz findet sich unter ahmadiyya.de.
9 Beachtlich sind etwa die Reden des gegenwärtigen Kalifen Mirza Masroor Ahmad (im Amt seit 2003) vor dem Europaparlament und in einem Bundeswehr-Schulungszentrum, beide aus dem Jahr 2012 (ahmadiyya.de/bibliothek/art/globale-einheit-als-schluessel-zum-frieden und ahmadiyya.de/bibliothek/art/liebe-und-loyalitaet-zum-heimatland).
10 Stürzenberger, Michael: 100-Moscheen-Projekt. Weltweiter Führer der Ahmadiyya kommt zu Feier nach Neufahrn. 2014, Politically Incorrect (Hg.), pi-news.net/?p=329982 (05.09.2015).
11 Das gilt nicht nur für die AMJ; man denke auch an die Zeugen Jehovas.
12 Im Interview mit dem Autor am 26.05.2015. Zum genannten Imam siehe den Beitrag von M. Schoft und T. El-Sourani.
13 In Deutschland etwa wurde die Zahl der bundesweiten Mitglieder von 50 000 auf 35 000 im Jahr 2013 nach unten korrigiert. Vgl. Religionswissenschaftlicher Medien- und Informationsdienst (Hg.): Mitgliederzahlen: Islam. 2010, remid.de/info_zahlen/islam (05.09.2015).
14 Die Bauherren gehörten einer heute praktisch unbedeutenden Abspaltung der AMJ an. Vgl. Beinhauer-Köhler, Bärbel / Leggewie, Claus (Hg.): Moscheen in Deutschland. Religiöse Heimat und gesellschaftliche Herausforderung. München 2009, S. 22–24.
15 Lathan, Andrea: *Reform, Glauben und Entwicklung. Die Herausforderungen für die Ahmadiyya-Gemeinde.* In: Reetz, Dietrich (Hg.): Islam in Europa. Religiöses Leben heute. Ein Porträt ausgewählter islamischer Gruppen und Institutionen. Münster 2010, S. 100.
16 Valentine, Simon R.: Islam and the Ahmadiyya Jama'at. History, Belief, Practice. London 2008, S. 217, eigene Übersetzung.
17 Im Interview mit dem Autor am 13.07.2015.
18 Smith, Wilfred C.: *Aḥmadiyya.* In: The Encyclopaedia of Islam. 2. Auflage., Bd. 1, Leiden 1986, S. 301–303, S. 302.

Martin Zabel

Die letzte Ruhe

Ein Einblick in Vergangenheit, Gegenwart und Zukunft

Seit Jahrhunderten zieht Sachsen Menschen aus unterschiedlichen Ländern an: Die internationale Messestadt Leipzig, das Elbflorenz Dresden als Sitz unterschiedlicher Herrscherhäuser; die Natur- und Bodenschätze im Erzgebirge und an der Spree, das Porzellan und das Handwerk – die Region florierte seit jeher. Muslimische Gesandte, Händler und Gelehrte besuchten die Städte zwischen Neiße, Elbe und Weißer Elster, und auch Soldaten durchzogen den heutigen Freistaat. Nicht viele blieben lange, doch von einigen zeugen bis heute Gräber und andere Gedenkstätten.

Vergangenheit

Oktober 1813 – im Leipziger Land versammeln sich viele hunderttausend Soldaten aus allen Himmelsrichtungen Europas zur wohl bis dato größten Schlacht der Menschheitsgeschichte. Unter ihnen ein Offizier, der in die Annalen der Region eingehen soll: Jussuf der Großmütige. Im Dienste der Alliierten zieht er von Gefecht zu Gefecht gegen Napoleon Bonapartes Armee und seine Verbündeten. Jussuf findet in dieser verworrenen Periode seine letzte Ruhestätte in dem kleinen sächsischen Dorf Kleinbeucha unweit von Bad Lausick und Borna. Ein Ort, in dem bis heute das Vermächtnis des Offiziers in Ehren gehalten wird. »Jussuf der Großmütige, Sohn des Mustafa« steht auf dem Grabstein eines in Sachsen gefallenen Muslims. Dieses Grab ist wohl das älteste Zeugnis eines Menschen islamischen Glaubens und seiner letzten Ruhe im Freistaat.

Jussuf war Tatar, vermutlich ein Offizier der Kavallerie, die für ihre hohe Flexibilität und Schnelligkeit bekannt war. Tatarische Reiter, die sich aus verschiedenen muslimischen Turkvölkern rekrutierten, waren meist mit Bogen und Lanzen bewaffnet und griffen aus dem Hinterhalt an. Polnische Tataren dienten bereits in der Armee von August dem Starken, sächsischer Kurfürst und zugleich König von Polen.

»In ein grünes Tuch gehüllt« und von einem Imam geweiht und beerdigt, liegt Jussuf seit der Völkerschlacht auf einer Anhöhe am Waldrand begraben. Sein Grab ist nach Mekka ausgerichtet, wie es die religiösen Vorschriften vorsehen. Menschen vor Ort und verschiedene Vereine aus der Umgebung haben das Grab in den vergangenen 200 Jahren renoviert und gepflegt. In Kleinbeucha finden sich Wegweiser mit Hinweisen auf den Todesort des Jussuf und sein Grab.

Noch heute leben europäische Tataren in Finnland, Russland, Polen, Litauen und der Ukraine – wo Jussuf, der Offizier des Zaren, zu verorten ist, kann nicht zweifelsfrei geklärt werden. Indizien sprechen für eine Herkunft aus dem russischen Zarenreich. Dieses aus vielen verschiedenen Völkern zusammengesetzte Reich vereinte Soldaten und Kämpfer ganz unterschiedlicher Konfessionen und Kulturen. Doch auch Polen-Litauen könnte Jussufs Heimat gewesen sein.[1]

Neben Tataren erkämpften sich auch Baschkiren in den Reihen der Alliierten einen Namen auf den Schlachtfeldern Mitteldeutschlands. In den Jahren 1813 und 1814 stellte kein geringerer als Johann Wolfgang von Goethe sein Anwesen in Weimar zur Verfügung, damit baschkirische Einheiten dort ihre fünf täglichen Gebete verrichten und am Freitag den Gottesdienst abhalten konnten. Unter diesen und anderen Einflüssen gab Goethe Koranlesestunden für die Adelsdamen und schrieb seinen »West-Östlichen Diwan«.[2]

Wie Ehrenmale für Baschkiren in Leipzig nahe der Russischen Kirche und in Dresden-Altmockritz beweisen, ist das Gedenken an gefallene Muslime zwar nicht allgegenwärtig, aber existent. Egal ob mit dem »Tatarengrab« in Kleinbeucha, den Gedächtnissteinen in Leipzig und Dresden oder in Geschichtsbüchern, ihr Andenken lebt fort und wird erhalten.

Gegenwart

Derzeit können islamische Begräbnisse an drei verschiedenen Orten des Freistaates durchgeführt werden (zur rechtlichen Situation siehe auch Beitrag von H.-G. Ebert). In Leipzig und Dresden befinden sich seit 1997 und 2012 spezielle Grabfelder. Auf dem Städtischen Friedhof in Chemnitz können Grabstellen zumindest in Richtung Mekka gesetzt werden.

Das Grabfeld auf dem Ostfriedhof, Leipzigs zweitgrößtem Friedhof, wurde 1997 eingerichtet und ist somit das älteste offizielle Zeugnis für die Anerkennung der Bedürfnisse sächsischer Muslime.[3] Im Juli 2015 waren dort rund 40 Verstorbene begraben, darunter ein halbes Dutzend Kinder. Außerhalb des inneren Ringes gelegen, können islamische Bestattungsregeln ohne Eingriff in den allgemeinen Ablauf eingehalten werden. Unabdingbar für islamische Beerdigungen sind vor allem zwei Faktoren: die »ewige Ruhe«, also die Unversehrtheit der Ruhestätte und der Gebeine »bis zum Ende der Zeiten«, sowie die Ausrichtung des Grabes gemäß der *Qibla*, der Gebetsrichtung gen Mekka. Andere Elemente islamischer Gräber unterliegen dem innerislamischen Meinungspluralismus und variieren je nach Rechtsschule oder Glaubensprägung. Auf dem Ostfriedhof finden sich diese Unterschiede direkt nebeneinander. Einige Gräber sind mit Grabsteinen, andere wiederum mit Grabplatten versehen. Unter Umständen ist es schwierig, Gräber als solche zu erkennen, da sie komplett überwachsen und teilweise nur mit kleinen Steinen umrandet sind. Inschriften mit Koranzitaten, Namen und Daten finden sich in arabischen und lateinischen Schriftzeichen. Das Areal ist schwer zu finden, da keine Ausschilderung darauf verweist.

Die muslimischen Gemeinden in Dresden haben vor drei Jahren eine Fläche für die Beisetzung ihrer Mitglieder auf dem Heidefriedhof erhalten und können damit auf die gleiche Art und Weise bestatten wie Leipzigs Muslime. Derzeit liegen etwa 20 Muslime auf dem Friedhof begraben. Bei der Einrichtung des Grabfeldes wurde besonders auf eine angenehme und angepasste Umgebung geachtet. Für die Besucher wurde die Möglichkeit geschaffen, sich der rituellen Reinigung zu unterziehen. Diese ist beispielsweise vonnöten, wenn Gebete an den Gräbern gesprochen werden. Zudem wurde ein Tisch aus Stein aufgestellt, auf dem die Toten niedergelegt werden können, während für sie das Totengebet von einem Imam und den anwesenden Gläubigen gesprochen wird. Das mehrere hundert Quadratmeter große Areal liegt unverkennbar in unmittelbarer Nähe nichtislamischer Gräber.

Islamische Tradition und deutsches Recht

Verstorbene Muslime sollten nach Konsens der *Ulama*, der Religionsgelehrten, bereits am Tage des Todes bestattet werden. Sollte dies aus verschiedenen Gründen nicht möglich sein, spricht man von einer Karenzzeit von bis zu drei Tagen. In Gesellschaften, die mehrheitlich nicht muslimisch sind, kann eine solche Regelung zu Ablaufproblemen bei Beerdigungen führen. Nach Aussage verschiedener Imame und Beteiligter aus Sachsen verbesserte sich dies in der Vergangenheit kontinuierlich, was für gegenseitige Beachtung und Würdigung spricht.

Für gewöhnlich werden Muslime lediglich in Tüchern begraben. In Deutschland herrschte aufgrund unterschiedlicher Gesetze und Traditionen eine Sargpflicht, die von einigen Bundesländern und Kommunen bereits reformiert wurde. In Sachsen besteht diese Pflicht vorerst weiterhin und wird dementsprechend von den Bestattern angewandt. Der sich im Sarg befindende Leichnam wird dennoch nach islamischer Tradition in Tücher gehüllt.

Muslimische Bestattungsunternehmen sind bis zum jetzigen Zeitpunkt (Juli 2015) nicht in Sachsen angesiedelt. Daher werden islamische Begräbnisse meist in Zusammenarbeit mit Gemeinden und spezialisierten Unternehmen aus Berlin oder auch Frankfurt am Main organisiert. Sie übernehmen die Reservierung einer Stelle auf dem islamischen Grabfeld, den Transport des Leichnams und die Abwicklung verschiedener bürokratischer Angelegenheiten. Allerdings können all dies auch ortsansässige Unternehmen durchführen, was nach Angaben zweier Gemeinden sowohl in Leipzig als auch in Dresden bereits der Fall gewesen ist. Eine Leichenwaschung findet z. B. in Dresden entweder im Krankenhaus oder direkt auf dem Friedhof statt.[4] Diese Ganzkörperwaschung ist ein weiteres verpflichtendes Element muslimischer Bestattungen.

Die immer größere Flexibilität seitens der Kommunen und des Landes lässt erkennen, dass wichtige Schritte für eine konforme muslimische Beerdigung möglich sind und bereits gegangen wurden. Noch sind genügend Grabstellen verfügbar und die Anzahl muslimischer Mitbürger im Freistaat gering, sodass die verfügbaren Flächen für die nächsten Jahre ausreichen werden.

Zukunft

Jeder Mensch macht sich Gedanken über seine letzte Ruhestätte, ganz gleich an welchem Ort der Welt er sich befindet. Möchte man in der Heimat begraben werden, an dem Ort, wo einen der Tod ereilte, an Land oder auf See? In Zeiten der Mobilität und Migration stellen sich Menschen muslimischen Glaubens in Sachsen und anderswo gleichermaßen diese Fragen. Oft stammen sie oder ihre Eltern aus anderen Teilen der Welt. Die Frage nach dem Wo findet auf ganz unterschiedliche Art und Weise Beantwortung. Exemplarisch kommen hier Menschen zu Wort, deren Familien seit Jahrhunderten in Sachsen leben, wie auch Menschen, die als Gäste kamen, hier in Sachsen heimisch werden wollten und zum festen Bestandteil der Bevölkerung geworden sind.

Glaube, Familie, Herkunft, Heimat

Der gelernte Koch Murat Seslı kam 1995 von Istanbul nach Leipzig und hat seitdem in Großküchen und Restaurants gearbeitet. Seit einigen Jahren ist Seslı, Vater von drei Kindern, selbstständig und kocht jeden Tag für seine Kunden.

Für Muslime, so sagt er, ist der Tod kein Ende, sondern ein Anfang. Die Materie des Körpers zersetzt sich und geht verloren, doch die Seele verweilt in einem Stadium zwischen Diesseits und Jenseits und zwar im Grab und dessen Umgebung. Murat Seslı wünscht sich deshalb, in seinem Heimatort begraben zu werden. »Ich möchte jeden Tag fünf Mal den Gebetsruf hören und an *Bayram*, den Feiertagen, von den Leuten besucht werden.« Es ist eine muslimische Tradition, die Toten am Freitag und an den Feiertagen zu besuchen, für sie zu beten und die Gräber zu pflegen. In den Rechtsschulen des sunnitischen Islam gilt es als gute Tat, die *Fatiha*, die Eröffnungssure des Korans, an Gräbern zu rezitieren, was von vielen Muslimen als wichtiger und fester Bestandteil von Friedhofsbesuchen verstanden wird. »In unserem Dorf haben die Menschen großen Respekt vor den Toten. Immer sprechen sie die *Fatiha*, wenn sie an ihnen vorbeigehen.«

Für Seslı ist klar, dass er im Familiengrab im kleinen Dorf seiner Kindheit am Schwarzen Meer begraben werden möchte: »Das Wichtigste ist meine Mama, auch im Tod möchte ich bei ihr sein. Ich habe meinen Vater nie wirklich gesehen, nur als ich klein war – vielleicht, hoffentlich treffe ich ihn dort wieder.«

Auch wenn der Wahl-Leipziger in Sachsen heimisch geworden ist, ist es sein Wunsch, in der fernen Türkei beerdigt zu werden. Seines Glaubens, der Nähe zur Familie wegen und weil »ich gelesen habe, dass die Seele dahin zurückkehrt, wo sie herkommt.« Ob damit letztlich Gott, ein Ort oder etwas anderes gemeint ist, kann Murat Seslı nicht genau sagen, doch das ist für ihn nicht wichtig. Nur dass seine Kinder das Grab ab und an besuchen werden, »auch wenn es weit von Leipzig oder ihrem späteren Wohnort entfernt ist«, hofft der Vater.

»Die Erde ist die Erde Gottes, überall«

Ahmed Aslaoui hat in Dresden Wurzeln geschlagen, eine Sächsin geheiratet, gemeinsam haben sie drei Kinder. Ein islamisches Begräbnis ist auch für ihn wichtig: »Solange ich hier gewaschen werde, ein Imam meine Bestattung leitet und meine Blickrichtung Mekka ist, möchte ich in Dresden auf dem Heidefriedhof beerdigt werden.« Der stellvertretende Vorstandsvorsitzende des Islamischen Zentrums Dresden hatte Anteil an der Eröffnung des örtlichen Grabfeldes und fragt sich: »Wie können meine Kinder mich in Algerien besuchen?« Der gebürtige Nordafrikaner sprach bereits mit seiner Familie und ist sich sicher, dass Sachsen seine letzte Ruhestätte werden soll.

»Rasse und Raum gibt es im Islam nicht.« Aslaoui stellt eindrücklich klar, dass es egal ist, wo man zu Grabe getragen wird, da alle Menschen gleich und alle Länder gleichsam geeignet für muslimische Beerdigungen sind – »natürlich sofern die gesetzlichen Gegebenheiten stimmen.«

»Es gibt einen Spruch: Ein Baumstamm hat Wurzeln, Äste und Blätter. Meine Wurzeln sind in Algerien, ich aber bin in Sachsen und meine Frau und meine Töchter genauso. Die meisten Teile von mir sind hier.« Eine Überführung in die alte Heimat kommt für Ahmed Aslaoui deshalb nicht in Frage. Wenn also die Gesetze und Grabfelder bleiben, kann und wird Herr Aslaoui in sächsischer Erde die letzte Ruhe finden.

»Es sollte ordentlich sein, und bepflanzt«

Gabriele Müller[5] ist seit Jahrzehnten Muslimin. Die gebürtige Sächsin konvertierte zum Islam und heiratete einen Mann aus einem ehemaligen sozialistischen, arabischen Land, der in der DDR studierte. Das Thema Bestattung löst auch in der Chemnitzerin ganz individuelle Assoziationen aus. »Als Erstes fällt mir Leipzig ein. Dort kann man sich islamisch bestatten lassen, das ist mir wichtig.« Sie selbst wünscht sich an dem Ort begraben zu werden, an dem sie stirbt. »Ich möchte nicht transportiert werden.« Gemeint sind weite und lange Transporte mit dem Flugzeug. Noch hat Frau Müller keine genauen Vorstellungen von ihrem Grab, aber: »es ist interessant, das bepflanzen zu lassen und mit kleinen Steinen zu begrenzen. Wo kaum etwas wächst stellt sich die Frage gar nicht, hier allerdings schon. Es sollte gepflegt, aber nicht steril sein. […] Ich möchte keine großartigen Erschwernisse hinterlassen. Aber es wäre schön, wenn meine Familie mich wäscht und daheim Abschied von mir nimmt.«

Religion als wichtigste Inspiration

Auch Olaf »Abu Laila« konvertierte zum Islam. Der gebürtige Leipziger floh einst aus der DDR und kam in Westberlin mit Muslimen in Kontakt, was für ihn so prägend war, dass er nach vielen Jahren 2003 in Istanbul die *Schahada*, das islamische Glaubensbekenntnis, sprach. »Mein Grab wird in Kahta bei Adıyaman in der Südtürkei sein. […] Dort sind drei *Sahaba* [Genossen] des Propheten Muhammad und viele *Auliya* [Heilige] begraben. Am Tag des Jüngsten Gerichts gehen alle Völker zu ihren Propheten. Den Weg möchte ich zusammen mit ihnen gehen.« Wichtig zu erwähnen ist dem Schornsteinbauer auch: »Das ist keine Entscheidung gegen etwas [Sachsen], sondern für etwas [Kahta]. Da ich die Wahl habe, treffe ich sie so.«

Ausblick

Die Präsenz von Muslimen in Sachsen hat eine lange Geschichte. Bessere Koordination zwischen Gemeinden und Politik ermöglichten bereits einige Errungenschaften und womöglich sind die Grabfelder der Anfang eines zentralen islamischen Friedhofes, wie bereits in Berlin, Kiel oder Wien – sofern das Bedürfnis dazu erwachsen sollte. Muslime haben sich in Sachsen angesiedelt und betrachten es als ihre neue Heimat. Es gibt aber auch die, die hier geboren sind und im Islam eine neue spirituelle Heimat fanden. Sie können gleichzeitig auf die Geschichte verweisen und in die Zukunft blicken. Wo sie einst dem islamischen Ritus entsprechend begraben werden, hat große Bedeutung für sie.

1 Für weitere Informationen siehe Institute for Caucasica-, Tatarica- and Turkestan Studies (ICATAT) (Hg.): Tatarengrab von Kleinbeucha: Ehrenamt und Wissenschaft Hand in Hand. (2011), icatat.wordpress.com/2011/12/03/tatarengrab-von-kleinbeucha-ehrenamt-und-wissenschaft-hand-in-hand/ (06.08.2015).

2 Mommsen, Katharina: »Orient und Okzident sind nicht mehr zu trennen«. Goethe und die Weltkulturen. Göttingen 2012, S. 11.

3 Erwähnenswert ist, dass sich dort auch ein rein christlich-orthodoxes Grabfeld befindet.

4 Interview mit Herrn Ahmed Aslaoui, stellvertretender Vorsitzender des Islamischen Zentrums Dresden.

5 Name geändert.

Diskriminierung und Ausgrenzung

Gesellschaftlich herrschen nach wie vor viele Vorurteile gegenüber Muslimen, die häufig in Ablehnung und Diskriminierung resultieren. Darüber hinaus stehen Zuwanderer und Geflüchtete vor strukturellen Integrationsbarrieren. Jedoch ist Integration ein zweiseitiger Prozess, der nicht nur von Migranten, sondern auch von der Gesellschaft ausgehen muss.

Rebecca Nordin Mencke

Erfahrungen der Alltagsdiskriminierung

Je erfolgreicher Terrorgruppen wie der selbst ernannte »Islamische Staat« sind, desto einfacher scheint es, den Islam als Feindbild aufzubauen. Rechtsextreme wie die NPD versuchen seit Jahren, mit islamfeindlichen Parolen neue Anhänger zu gewinnen und tun das oftmals unter dem Deckmantel eines vermeintlich gutbürgerlichen Milieus. Tatsächlich ist Islamfeindlichkeit keineswegs ausschließlich am rechten Rand der Gesellschaft zu finden. In der jüngsten repräsentativen Erhebung der »Mitte«-Studien von 2014 stimmten fast 37 Prozent der Befragten der Aussage zu, Muslimen sollte die Zuwanderung nach Deutschland verboten werden. 43 Prozent gaben an, sich durch die Muslime »manchmal wie ein Fremder im eigenen Land« zu fühlen.[1]

Im Unterschied zu berechtigter Islamkritik, die an universalistischen Werten orientiert ist und auch die eigene Gesellschaft reflektiert, wertet Islamfeindlichkeit die gesamte Religion pauschal ab. Die Muster der Islamfeindlichkeit sind dieselben wie bei anderen Formen gruppenbezogener Menschenfeindlichkeit, das Feindbild Muslim ist damit jederzeit beliebig austauschbar. Der Islam wird als ein einheitliches Gebilde konstruiert oder wahrgenommen statt als Sammlung zahlreicher verschiedener Strömungen. Muslimen wird letztlich ihre Individualität abgesprochen, indem sie auf ihre religiöse Identität beschränkt werden und weitere identitätsstiftende Merkmale wie Herkunft, Alter, Geschlecht, Beruf etc. ausgeklammert werden. Vielfach werden Muslime als Fremde, als »die Anderen« einem vermeintlichen »Wir« gegenübergestellt.

Wie viel Musliminnen und Muslime von den islamfeindlichen Einstellungen breiter Bevölkerungsgruppen im Alltag zu spüren bekommen, hat oft damit zu tun, wie sichtbar ihr Glaube nach außen ist.[2]

Endstation Dresden

Lange vor den »Abendspaziergängen« von PEGIDA brachte ein anderer Fall Dresden in internationale Negativschlagzeilen. Am 1. Juli 2009 wurde Marwa El-Sherbini im dortigen Landgericht während einer Verhandlung erstochen. Der Täter hatte sie zuvor bereits wegen ihres Kopftuchs beleidigt und saß deshalb auf der Anklagebank. Die schwangere Frau starb damals noch im Gerichtssaal vor den Augen ihres Mannes und ihres 3-jährigen Sohnes.

Suria* erinnert sich sehr genau an den Fall, auch wenn sie zu dem Zeitpunkt in ihrer syrischen Heimat war: »Mein Mann und ich waren an dem Tag bei meinen Eltern zum Abendessen. Im Fernsehen haben wir dann von dem Fall erfahren. Ich sagte damals zu meinem Mann: ›Apothekerin, Araberin, Kopftuch, Dresden – ich gehe nie wieder dorthin!‹«

Ebenso wie die ermordete Ägypterin ist Suria ausgebildete Apothekerin und trug lange ein Kopftuch. Doch nicht nur die Gemeinsamkeiten mit Marwa El-Sherbini schreckten sie ab. Ende 2005 kam sie selbst zum ersten Mal wegen ihres Mannes nach Dresden. Der hatte sich im Laufe der Jahre eine feste Existenz in der sächsischen Hauptstadt aufgebaut und die deutsche Staatsangehörigkeit erworben. Suria dagegen fühlte sich stets fremd. Innerhalb eines Jahres sei sie zehn- oder elfmal nach Syrien geflogen, erzählt sie, und meist blieb sie dort genauso lange wie zuvor in Dresden. Neben den anfänglichen Sprachhürden erlebte Suria oft unterschwellige bis offen ausgesprochene Ausgrenzung: Nachbarn, die sie ignorierten, statt Grüße zu erwidern, und Menschen, die sie feindselig auf ihr Kopftuch ansprachen.

»Das waren für mich schlimme Tage, als ich in die Sprachschule gegangen bin. Ich konnte manches verstehen, was die Leute auf der Straße sagten, aber ich konnte nicht richtig darauf reagieren. Manche fragten mich, warum ich in Deutschland bin, wenn ich ein Kopftuch trage, oder sie sagten gleich, ich Ausländerin solle raus aus Deutschland. Mitten in der Stadt sagten sie das! Wenn ich heute mit meinem Mann in der Stadt bin, zeige ich immer auf die Orte, an denen ich schon beschimpft wurde. Fast zu jeder Ecke habe ich solche Erinnerungen.«

Offensichtlich hat sich bei Suria vieles angestaut und sie regt sich auf über die Menschen, die ihr unrecht getan haben. Nach dem ersten Jahr in Dresden beschlossen sie und ihr Mann nach Syrien zurückzukehren. Doch als dort der Krieg ausbrach und Surias Mann von einer Rebellengruppe entführt wurde, war schnell klar, dass die kleine Familie nicht in Syrien bleiben kann. Seit Ende 2011 ist Suria mit ihrem Mann und den gemeinsamen Kindern wieder in Dresden. Die junge Mutter macht kein Geheimnis daraus, dass sie auch heute am liebsten gar nicht in Deutschland wäre. Dabei kann sie sich mittlerweile verbal durchaus verteidigen und tut das manchmal sehr energisch, wie sie selbst betont.

Trotzdem fühlt sich Suria sehr unwohl, wenn sie alleine unterwegs ist. Körperlich angegriffen wurde sie noch nicht, doch ihre Angst ist groß. Was sie erzählt, klingt nach einem ausgeprägten Meidungsverhalten vor den bekannten unangenehmen Situationen. Meistens begleitet ihr Mann sie. Der kräftige, dunkelblonde Mann, dem man seine syrische Herkunft nicht ansieht, bringt Suria oft zu ihrer Arbeit und holt sie nach Feierabend wieder ab.

Das Kopftuch hat Suria mittlerweile abgelegt. Ihr Mann habe sie schon vor zehn Jahren mehrfach dazu ermuntert, sagt sie. Doch lange wehrte sie sich dagegen. Das Kopftuch ist für sie auch ein Ausdruck der Zugehörigkeit zu den anderen Frauen ihrer Familie, die das Stück Stoff mehr aus Tradition denn als religiöses Symbol tragen. »Jetzt stehe ich in der Mitte: Für die Deutschen bin ich die Ausländerin und für die Araber die Frau ohne Kopftuch. Ich gehöre weder hierhin noch dorthin.«

Zwischenzeitlich trug sie im Winter statt eines Kopftuches Mütze und Schal. Doch für den Sommer fand sie keine geeignete Alternative. Anfang 2012 kamen dann mehrere Sachen zusammen: Bei der Arbeitssuche erhielt sie eine Absage nach der anderen, gleichzeitig suchte sie einen Kindergartenplatz für ihre Tochter und fürchtete, diese würde wie ein Kind zweiter Klasse behandelt werden, wenn die Mutter ein Kopftuch trägt. »Das Kopftuch war für mich nicht mehr ein Kopftuch. Es hat sich wie ein Strick um meinen Hals gelegt und drohte, mich zu ersticken. Das lag aber nicht am Kopftuch, sondern an den Leuten«, erinnert sich Suria.

Obwohl die schlanke Frau mit den langen schwarzen Haaren und den gezupften Augenbrauen mittlerweile ohne Kopftuch unterwegs ist, bekommt sie immer wieder fremdenfeindliche Kommentare zu hören. Ihren Akzent kann sie nicht verbergen. Nach anfänglichen Schwierigkeiten hat sie nun eine Apotheke gefunden, in der sie sich mit den Kollegen gut versteht. Manche Kunden dagegen wollen nicht akzeptieren, von einer Ausländerin bedient zu werden. Durch einen Freund hat Suria erfahren, dass ihr Chef manchmal Emails bekommt, in denen Leute erklären, nicht mehr zu ihm zu kommen, weil er immer Ausländer einstelle.

PEGIDA ist nicht das einzige Problem

Geschichten wie die von Suria kennt Anas Ajaj viele. Er ist Vorsitzender des Marwa El-Sherbini Kultur- und Bildungszentrums Dresden. Der Moscheeverein ist zwei Haltestellen von dem Landgericht entfernt, in dem 2009 die Namensgeberin des Vereins ermordet wurde. Nach der Ermordung El-Sherbinis stand schnell der Name des Zentrums fest, von dem zahlreiche Mitglieder die Ägypterin persönlich gekannt hatten. Anas Ajaj kam erst später nach Dresden, aber er hat einen guten Überblick darüber, was im Umfeld des Moscheevereins und seiner Mitglieder passiert. Der Vorstand legt Wert darauf, dass sich Gemeindemitglieder mit ihren Problemen und auch Diskriminierungserfahrungen an den Verein wenden – nicht immer handelt es sich tatsächlich um Diskriminierung, betont Anas Ajaj: »Manchmal entstehen auch einfach Missverständnisse, gerade wenn jemand neu hier ist und noch nicht so gut Deutsch versteht oder einfach die Regeln hier nicht kennt. Bei der Straßenbahn etwa: Manche wissen anfangs nicht, dass man erst einsteigt, wenn die anderen ausgestiegen sind. Ein Araber kennt das aus seinem Land vielleicht etwas chaotischer und wenn ihn dann jemand hier zurechtweist, dass er warten soll, versteht er das womöglich falsch und denkt, das passiert, weil er Ausländer ist. Aber das ist ja nicht so.«

Gerade in der Zeit, als sich immer mehr Menschen PEGIDA anschlossen, sei allerdings generell die Stimmung auf der Straße aufgeheizter gewesen, erinnert sich Ajaj. Fremden- und islamfeindliche Sprüche hätten in dieser Zeit spürbar zugenommen. Als Vereinsvorsitzender versuchte Ajaj den Spagat: Den Mitgliedern empfahl er, an Montagen nicht mehr alleine abends auf die Straße zu gehen. Gleichzeitig versuchte er, sie zu beruhigen und ihnen die Ängste zu nehmen: »Wir haben von Anfang an gesagt: PEGIDA ist eine kleine Minderheit und das kann nicht lange dauern. Schon der Hintergrund ist völlig falsch, denn es gibt einfach keine Islamisierung, man weiß nicht mal, was das heißen soll, und wenn man die Leute fragt, haben sie keine Vorstellung davon, was Islam ist. Was aber auf falschen Annahmen beruht, kann nicht lange bestehen.«

Wenige Monate nach den letzten größeren PEGIDA-Demonstrationen redet Ajaj ganz gelassen über die Zeit. Unaufgeregt berichtet er auch von den Angriffen, die sich gegen das Moscheegebäude richten. Mehrfach wurden bereits die Fensterscheiben eingeworfen. Einmal zündeten Unbekannte in der Nacht das Straßenschild am Zaun des Moscheegeländes an. An zwei Außenwänden des Gebäudes sind die Spuren der islamfeindlichen Beschmierungen vom Januar 2015 über Monate hinweg zu sehen. Wer dort in großen Buchstaben »Mohamed ist eine Schwuchtel« geschrieben hatte, ist immer noch unklar. Fast ein halbes Jahr sammelte der Verein Spenden, bis die nötigen 4000 Euro zusammen waren, um das Gebäude neu zu streichen. Immer wieder trat der Verein mit der Polizei in Verbindung, die je nach Einschätzung der Situation verstärkt, etwa durch vermehrte Streifenfahrten, das religiöse Zentrum bewachte. Dennoch will das Zentrum zum eigenen Schutz ein Kamera-Überwachungssystem einbauen.

Mittlerweile zeigt sich Ajaj zuversichtlich, dass PEGIDA überstanden ist. Neben den antimuslimischen Anfeindungen erinnert er sich auch an viel Solidarität aus Politik und Zivilgesellschaft. Klar ist aber auch: PEGIDA ist nicht das einzige Problem. »Die offenen Anfeindungen auf der Straße sind zwar wieder weniger geworden«, meint Ajaj, aber »was am meisten weh tut, das ist bei der Arbeit: Frauen, Männer, junge Leute fühlen sich immer wie in der letzten Reihe. Oft wird ein Deutscher genommen, selbst wenn er weniger qualifiziert ist. Gerade mit Kopftuch oder wenn jemand einfach anders aussieht, ist es schwer, eine Arbeit zu finden.«

Stigmatisierung

Dass das Thema Islamfeindlichkeit aber keineswegs nur ausländische Mitbürger oder sogenannte Deutsche mit Migrationshintergrund betrifft, wissen Sabrina*, Carolin* und Anna* aus eigener Erfahrung. Die drei gebürtigen Sächsinnen haben sich in ihrer Chemnitzer Moscheegemeinde kennengelernt. Ihre Zugehörigkeit zu der Religion machen auch ihre Kopftücher sichtbar. Zum Islam sind sie durch ihre heutigen Ehemänner gekommen. Dabei legen die Frauen Wert darauf, dass sie sich intensiv mit der Religion beschäftigt haben, bevor sie sich für die Konversion entschieden. In ihren Familien und Freundeskreisen stießen sie auf unterschiedliche Reaktionen. Carolin und Anna ließen sich Zeit, bis sie auch das Kopftuch aufsetzten – mehrere Jahre, sagt Carolin. Doch für ihr Umfeld, das den Prozess miterlebt hatte, kam der Schritt nicht überraschend, erinnert sich Anna lachend: »Als meine Mutter mich dann das erste Mal mit Kopftuch gesehen hat, hat sie gesagt: ›Ich hab gewusst, dass der Tag irgendwann kommt.‹«

Für Sabrina stand dagegen sehr schnell fest, dass sie ihre neue Religion mit Kopftuch leben will, sagt sie bestimmt. Ihrer Mutter fiel es nicht leicht, diese Entscheidung zu akzeptieren: »Sie sagte, so wie ich aussehe, solle ich nicht mehr zu ihr kommen. Daraufhin bin ich auch wirklich nicht mehr hingegangen und hab den Kontakt zu ihr abgebrochen, weil mich das sehr verletzt hatte. Nach vielleicht einem halben Jahr hat sie mir einen Brief geschrieben, dass ich mich doch wieder mal bei ihr melden soll. Das hab ich dann getan und seitdem war soweit alles ok. Sie hat sich nicht entschuldigt, aber sie hat akzeptiert, dass ich das Kopftuch trage.«

Anfeindungen durch Fremde auf der Straße haben alle drei schon oft erlebt. Wenn sie von den Gesten und Kommentaren anderer Passanten erzählen, lachen sie – vielleicht, um Distanz zu schaffen. Denn meist wissen sie in der jeweiligen Situation nicht, was sie sagen oder wie sie am besten reagieren können. »Wir müssten vielleicht öfter mal die Polizei rufen«, meint Anna, »aber ganz ehrlich, gerade diese Kommentare und verbalen Beleidigungen, die eigentlich schon reichen würden für eine Anzeige, die kommen meistens in Situationen: Willst du denjenigen festhalten? Und sagen: ›Hier, bleib stehen!‹ Da bleibt der ja niemals stehen.«

Wie heftig die Reaktionen auf ihre Kopftücher ausfallen, hängt sehr von der aktuellen politischen und medialen Lage ab und variiert je nach Stadtteil, darüber sind sich die Frauen einig. Manchmal sagen ihnen Menschen direkt ins Gesicht, dass man sie abschieben solle oder dass alle Muslime Terroristen seien. Andere Male tuscheln Passanten erst einige Meter nach dem Vorübergehen untereinander und es kommen nur noch Satzbrocken bei den Gemeinten an.

Doch nicht nur auf offener Straße begegnen die Chemnitzerinnen dem Vorurteil, dass kopftuchtragende Frauen keinerlei Bildung genossen haben und aus dem Ausland kommen. Carolin erinnert sich an einen Besuch bei einer Hals-Nasen-Ohren-Ärztin. Um Carolins Kind zu behandeln, benutzte die Ärztin ein spezielles Gerät: »Sie erklärte mir, dass das so ähnlich funktioniert wie ein Staubsauger, und dann fragte sie mich, ob ich weiß, was ein Staubsauger ist. Da hab ich nur noch laut losgelacht, weil mir das einfach zu dumm war.«

Sie und ihre Kinder tragen den arabischen Familiennamen ihres Mannes. In der Schule führte dies schon zu Missverständnissen und eins ihrer Kinder wurde in der sechsten Klasse in den Förderunterricht Deutsch eingeteilt. Bei Kindern mit einem vermeintlichen Migrationshintergrund[3] ging die Schule von Defiziten im Deutschen aus, erzählt Carolin: »Mein Kind hatte eine sehr gute Deutschnote und eigentlich kannte man mich auch, weil es nicht das erste Kind war. Ich hab' dann mit dem Direktor gesprochen und ganz klar gesagt, dass ich das diskriminierend finde.«

Überhaupt ist das Gespräch für Carolin sehr wichtig. Vieles konnte sie auf diesem Weg schon klären und Missverständnisse aus dem Weg räumen. Nachtragend ist sie nicht und betont auch, dass sie meist positive Erfahrungen an den Schulen gemacht hat: etwa mit Lehrern, die muslimische Schüler oder deren Eltern nach ihrem Glauben fragten, wenn sie etwas nicht selbst wussten.

Trotz der zahlreichen Diskriminierungserfahrungen, von denen Carolin, Anna und Sabrina berichten können, wissen sie, dass es anderen ähnlich ergeht oder zum Teil noch schlimmer. Ob Muslim, Ausländer oder Flüchtling: Oft werden Feindbilder wild durcheinander geworfen und »schließlich kann Ausgrenzung jeden treffen«, sagt Sabrina. »Jugendliche werden ja genauso diskriminiert, auch wenn sie überhaupt keinen muslimischen Hintergrund haben. Aber dann hat einer vielleicht die Hose von der falschen Marke an, oder 'ne andere Haarfarbe oder einem gefällt der Schnitt nicht. Also, da steh' ich ehrlich gesagt drüber.«

Während Frauen mit Kopftuch in der Regel eindeutig dem Islam zuzuordnen sind, ist Musliminnen ohne Kopftuch ebenso wie den meisten männlichen Muslimen die Religionszugehörigkeit nicht anzusehen. Erfahren sie dennoch Ausgrenzung und Anfeindung, richtet sich diese eher gegen ihr vermeintlich arabisches oder türkisches Erscheinungsbild oder ihren Akzent im Deutschen. Gerade Menschen mit dunklerer Hautfarbe sind potenziell ständig der Diskriminierung ausgesetzt. Ob Muslim, Araber, Flüchtling oder Spanier spielt dabei im Zweifelsfall keine große Rolle.

Aktiv gegen Islamfeindlichkeit

Vorurteile hinterfragen und entkräften – das haben sich die Mitglieder vom »Netzwerk gegen Islamfeindlichkeit und Rassismus« (NIR) zum Ziel gesetzt. 2009 entstand das Netzwerk in Reaktion auf den Mord an Marwa El-Sherbini. Erst im März 2015 trug sich das NIR als Verein mit zunächst zehn vor allem studentischen Mitgliedern ein. Einer der vier Vorstandsmitglieder ist Florian Illerhaus, der in Leipzig Religionswissenschaften studiert.

Auf Facebook hat die Seite des NIR rund 1000 Likes. Regelmäßig wird dort zu Bildungsveranstaltungen oder Demonstrationen eingeladen, Artikel rund um das Thema Islamfeindlichkeit und antimuslimischen Rassismus werden geteilt. Je nach Anlass beziehen die Netzwerker auch selbst Stellung, etwa zu LEGIDA oder als einmal in der Lokalpresse ein NPD-Mitglied unkommentiert zitiert wurde. Die Mitglieder des NIR geben immer wieder Workshops, halten Vorträge und wurden mehrfach von Landtagsfraktionen eingeladen. Seine Mitglieder haben sich oft an Demonstrationen gegen LEGIDA und schon zuvor gegen die NPD oder Moscheebaugegner beteiligt. Neben dem Protest auf der Straße bemühen sie sich aber vor allem um eine wissenschaftlich fundierte Auseinandersetzung mit ihren Themen.

Wenige Mitglieder des NIR sind selbst Muslime, Illerhaus betont jedoch: »Wir klären nicht über den Islam auf, sondern über Islamfeindlichkeit. Der tatsächlich religiöse Aspekt spielt in unserer Arbeit eine untergeordnete bis überhaupt keine Rolle.«

Für Illerhaus steht aber auch fest, dass Islamfeindlichkeit nicht nur Muslime betrifft: »Viel wäre geholfen, wenn mehr Menschen anerkennen, dass Islamfeindlichkeit nicht nur weit verbreitet ist, sondern auch unsere gesamte Gesellschaft bedroht. Z. B. hatte die sächsische AfD im Wahlprogramm Volksabstimmungen explizit für den Bau muslimischer Gebetshäuser, aber eben keiner anderen Sakralbauten gefordert. Hier wird ganz eindeutig der Gleichbehandlungsgrundsatz, der im Grundgesetz verankert ist, infrage gestellt und damit auch unsere gesamten Grund- und Menschenrechte.«

Zum Weiterlesen

- Schneiders, Thorsten Gerald: Islamfeindlichkeit. Wenn die Grenzen der Kritik verschwimmen. Wiesbaden 2010.

* kennzeichnet geänderte Namen bei Erstnennung.

1 Decker, Oliver / Kiess, Johannes / Brähler, Elmar: Die stabilisierte Mitte. Rechtsextreme Einstellung in Deutschland 2014. Leipzig 2014, S. 50.

2 Zur Definition und Differenzierung von Islamfeindschaft und Islamkritik: Decker, Oliver / Kiess, Johannes / Brähler, Elmar: Die Mitte im Umbruch. Rechtsextreme Einstellungen in Deutschland 2012. Bonn 2012, S. 86–91.

3 Der Begriff »Deutscher mit Migrationshintergrund« ist sehr weit gefasst: Das Bundesamt für Migration und Flüchtlinge definiert damit u. a. die »in Deutschland als Deutsche Geborenen mit zumindest einem zugewanderten oder als Ausländer in Deutschland geborenen Elternteil« (bamf.de/DE/Service/Left/Glossary/_function/glossar?lv3=3198544 (06. 10. 2015)).

Suzanne Awada, Rowena Richter und Helena Werhahn

Asylsuchend in Sachsen

Fakten – Erfahrungen – Perspektiven

Die Zahl der rassistischen Übergriffe steigt – Proteste in Freital, Heidenau, Dresden sind nur einzelne Beispiele von um sich greifender fremdenfeindlicher Mobilisierung in Sachsen, die sich oft gezielt gegen Geflüchtete aus dem islamisch geprägten Raum richtet. Wöchentlich erscheinen neue Meldungen von Brandanschlägen. Im Fokus der Medien stehen die gewaltsamen Ausbrüche und die politische Debatte um die Aufnahme von Geflüchteten, die Stimmen der Betroffenen gehen in der Berichterstattung häufig unter. Oft werden Geflüchtete als passive Gruppe dargestellt, deren Anwesenheit dennoch die öffentliche Diskussion erhitzt. Was dabei in den Hintergrund rückt: Jede geflüchtete Person hat eine individuelle Geschichte, Erfahrungen und Wünsche, erlebte Verluste und Verletzungen. Wer sind diese Menschen und auf welchen Wegen kommen sie nach Deutschland? Unter welchen Umständen leben sie hier, wie sieht ihre Zukunft aus und wie sind ihre Perspektiven in der aktuellen Situation?

Asyl in Deutschland

Da man aus dem Ausland keinen Asylantrag stellen kann, sind viele Menschen gezwungen illegal nach Deutschland zu fliehen. Erst hier können sie Asyl beim Bundesamt für Migration und Flüchtlinge (BAMF) beantragen. Geflüchtete, die einen Asylantrag stellen, werden Asylbewerber genannt. Wenn dieser positiv entschieden wird, ist man im rechtlichen Sinne als Flüchtling anerkannt. Dies geschieht in Deutschland entweder nach Artikel 16a des Grundgesetzes oder nach der Genfer Flüchtlingskonvention.

Artikel 16a des Grundgesetzes lautet: »Politisch Verfolgte genießen Asylrecht.« Allerdings ist dieses Recht 1993 durch den sogenannten Asyl-Kompromiss des Deutschen Bundestages stark ausgehöhlt worden. So besagt etwa die damals eingeführte Drittstaatenregelung, dass ein Mensch, der über »sichere Drittstaaten« eingereist ist, kein Asyl erhält. Zu diesen zählen alle Nachbarstaaten Deutschlands, somit wird eine Anerkennung nach Artikel 16a Grundgesetz fast unmöglich.

Die zweite Grundlage für eine Anerkennung ist die 1951 verabschiedete Genfer Flüchtlingskonvention. In diesem internationalen Abkommen ist als Grund für die Anerkennung als Flüchtling die Flucht aus Angst vor Verfolgung aufgrund von Rasse, Religion, Nationalität, Zugehörigkeit zu einer bestimmten sozialen Gruppe oder wegen der politischen Überzeugung festgeschrieben. Liegt einer dieser Gründe vor, wird Asyl gewährt. Menschen, die nicht als Flüchtling anerkannt werden, können dennoch subsidiären Schutz erhalten, wenn ihnen in ihrem Herkunftsland ein ernsthafter Schaden droht. Dazu zählt etwa die Bedrohung des Lebens durch einen bewaffneten Konflikt im Heimatland. Wenn diese Voraussetzungen nicht zutreffen, kann im Einzelfall dennoch ein Abschiebungsverbot vorliegen. Das bedeutet, der Geflüchtete darf nicht abgeschoben werden, wenn er durch eine Abschiebung in sein Heimatland sicher schwerwiegenden Schäden für Leib und Leben bis hin zum Tod ausgesetzt wäre.

Flucht

Um nach Deutschland zu gelangen, begeben sich viele Menschen auf gefährliche Fluchtwege. Muhammad aus Syrien befand sich neun Tage auf einem Schiff, das ihn und 500 andere Menschen auf engstem Raum über das Mittelmeer von der Türkei nach Italien brachte. Sie riskieren auf dem Weg nach Europa ihr Leben, dennoch zahlen sie ein Vermögen für die Flucht mit ungewissem Ausgang. »Aus meiner Familie ist keiner mitgekommen, weil das so viel Geld kostet«, erzählt Muhammad. »Für eine Person kostet es mindestens 10 000 Euro«. Bereits 2011, nach Ausbruch des Bürgerkrieges in seiner Heimat, flüchtete er und wurde in Malta von den Behörden aufgegriffen. Dort erhielt er eine Aufenthaltsgenehmigung. Da seiner Familie der Nachzug aufgrund des maltesischen Asylrechts nahezu unmöglich gewesen wäre, kehrte er zurück nach Syrien. Als sich die Sicherheitslage in seiner Heimatstadt erneut zuspitzte, begab er sich auf die Flucht nach Deutschland. Hier wurde sein Asylantrag nach der Dublin-III-Verordnung abgelehnt. Sie besagt, dass das Asylverfahren eines Geflüchteten in dem EU-Land durchgeführt werden muss, welches zuerst betreten wurde. Daher sind alle EU-Staaten verpflichtet, die Fingerabdrücke der Geflüchteten abzunehmen und in einer gemeinsamen Datenbank zu speichern. Insbesondere diese Regelung macht es in der Theorie fast unmöglich nach Deutschland zu kommen, um hier erfolgreich einen Asylantrag zu stellen, dennoch gelingt es einigen.

Farid, ein junger Mann aus Afghanistan, floh vor drei Jahren gemeinsam mit seiner Mutter über den Landweg zu Fuß und mit dem Auto. Er erinnert sich an die Fahrt von Litauen nach Deutschland: »Ich konnte nicht schlafen, immer hatte ich die Angst: ›Jetzt kommt die Kontrolle‹«. In Hamburg angekommen, stellten sie mit der Hilfe seiner Schwester, die seit 2002 dort lebt, einen Asylantrag. Aufgrund des sogenannten Königsteiner Schlüssels wurden sie jedoch nach Sachsen geschickt. Dieser Schlüssel regelt die Verteilung der Asylsuchenden auf die Bundesländer. Berechnet wird er aus der Einwohnerzahl und den

Steuereinnahmen. Danach werden dem Freistaat Sachsen im Jahr 2015 5,1 Prozent der Asylsuchenden zugewiesen. Im Fall von Farid und vielen anderen bedeutet dies eine räumliche Trennung von ihren bereits in Deutschland lebenden Familien, was ihre Situation zusätzlich erschwert. Sachsen zugeteilte Asylsuchende kommen in die Erstaufnahmestelle nach Chemnitz oder eine der Außenstellen.

Erstaufnahmestelle Chemnitz

»In Hamburg hat man mir und 15 anderen Flüchtlingen eine Fahrkarte nach Chemnitz und die Adresse der Einrichtung gegeben«, sagt Farid. Nach ihrer Ankunft erhalten Angekommene in der sogenannten Notaufnahme einen Beutel mit Hygieneartikeln und einen Schlafplatz. Sie werden registriert und es erfolgt eine medizinische Erstuntersuchung.

In den nächsten Tagen muss der Geflüchtete den Antrag auf Asyl beim BAMF stellen, dessen Zweigstellen befinden sich in jeder Erstaufnahmeeinrichtung. Es wird eine elektronische Akte über den Geflüchteten mit persönlichen Daten und Foto erstellt. Grundlage für die Entscheidung, ob Asyl gewährt werden kann, bildet die gesetzlich vorgeschriebene Anhörung beim Bundesamt. Der Asylsuchende wird aufgefordert, ausführlich über die Gründe seiner Flucht und das Erlebte zu berichten. Aufgrund der steigenden Zahl der Asylanträge ist eine zeitnahe Anhörung kaum möglich, sodass einige Asylsuchende noch vorher in andere Unterkünfte verteilt werden.

Auf engem Raum leben viele Menschen verschiedener Herkunft. Die Zimmer sind meist mit vier bis acht Betten belegt. Jeder Bewohner hat einen Stuhl und einen Spind. Den Geflüchteten steht neben der Unterkunft, Verpflegung und medizinischer Behandlung ein tägliches Taschengeld zu. Für einen alleinstehenden Erwachsenen beträgt dieses 4,76 Euro. In der großen Gemeinschaftsküche werden dreimal täglich Mahlzeiten ausgegeben. »Sie nehmen Rücksicht auf unsere Religion und kochen ohne Schweinefleisch, aber selber kochen durften wir nicht«, erinnert sich Farid.

Wer im Ramadan fastet, erhält statt einer Regelmahlzeit mit Einbruch der Dunkelheit ein Lunchpaket. Außerdem steht den muslimischen Bewohnern ein Gebetsraum zur Verfügung, der vor allem von Männern besucht wird. Farid traf sich dort oft mit anderen zum gemeinsamen Gebet und zum Lesen. Für Bewohnerinnen gibt es ein Mutter-Kind-Zimmer mit einer Couch, einem Fernseher und einem Wickeltisch. Für viele stellt das Warten in Ungewissheit während des maximal dreimonatigen Aufenthaltes in der Erstaufnahmeeinrichtung eine Belastung dar, andere finden erstmals Ruhe. Auf dem Gelände ist ein Wachschutz für die Sicherheit zuständig. Durch Eingangskontrollen wird unter anderem das geltende Alkoholverbot durchgesetzt.

Viele Geflüchtete leiden unter den traumatischen Ereignissen ihrer Flucht und den Erinnerungen an Krieg und Missstände in ihrer

Heimat. Für sie wäre eine psychologische Betreuung notwendig, doch diese ist in der Erstaufnahme nicht vorgesehen. Auch gab es vor Ort keine Ansprechpartner, durch die Farid und seine Mutter über den Verlauf ihres Verfahrens oder den Zeitpunkt ihrer Verteilung in ein anderes Heim informiert wurden. Für ihn war dies eine belastende Situation: »Niemand hat uns was gesagt. Sie hängten jeden Tag eine Liste mit Namen derjenigen aus, die am nächsten Tag das Heim verlassen würden, um in eine andere Stadt zu ziehen. Ich habe jeden Tag geguckt.« Inzwischen lebt er mit seiner Mutter in Dresden.

Wohnen in Sachsen

Nach der Erstaufnahme wird den Asylsuchenden eine Stadt oder ein Landkreis für ihren weiteren Aufenthalt zugewiesen. Jede Kommune ist verpflichtet, den ihr entsprechend ihrer Einwohnerzahl zugeteilten Anteil Geflüchteter aufzunehmen. Die Verantwortung für die Organisation der Unterbringung von Asylsuchenden und die Umsetzung von Mindeststandards tragen die Bundesländer und Kommunen. Der Gestaltungsspielraum, den das Gesetz hierbei lässt, ist groß. Die Gemeinschaftsunterkünfte sind sehr unterschiedlich in ihrer Art, Größe und Ausstattung. Diese sind nicht zuletzt abhängig von den finanziellen Mitteln, die der jeweiligen Kommune zur Verfügung stehen. In manchen Gemeinden werden Wohnungen für Asylsuchende bereitgestellt, anderenorts teilen sich bis zu 400 Personen eine Unterkunft. In einem kleinen Dorf am Rande Sachsens nahe der tschechischen Grenze wohnt Muhammad mit Abu Jamil und Tarek in einer 2-Zimmer-Wohnung des Gemeindehauses. »Die Unterkunft ist wunderbar und das Leben hier schön ruhig.« Sie sind umgeben von Idylle, die Landschaft ist schön, die Nachbarn grüßen. Die Realität, von der Muhammads Verwandte täglich am Telefon berichten, ist eine andere: »Ich verfolge regelmäßig die Nachrichten über Syrien. Wo meine Familie wohnt, gibt es Krieg, jeden Tag fallen Bomben. Ich möchte jede Stunde mit meiner Familie sprechen, weil ich wissen möchte, ob sie am Leben ist.«

Die meisten Geflüchteten sind in Gemeinschaftsunterkünften untergebracht. Nach unverbindlicher Empfehlung des Sächsischen Staatsministeriums des Innern stehen jedem Bewohner sechs Quadratmeter Wohnfläche zu, maximal fünf Personen teilen sich einen Wohnraum. Zur Grundausstattung gehören ein Bett, ein Tisch, ein abschließbarer Schrank und eine Kocheinheit. Oft nutzen die Bewohner eines Stockwerks gemeinsam Küche und sanitäre Einrichtungen. Die sächsische Verwaltungsvorschrift geht zwar darauf ein, dass Nationalitäten, Religionen sowie Alters- und Familienstrukturen zu berücksichtigen sind, in der Praxis sind jedoch die Privatsphäre der Bewohner und die Berücksichtigung individueller Bedürfnisse nicht immer gewährleistet. Zurückzuführen ist dieser Umstand unter anderem auf die hohe Auslastung der Unterkünfte und den niedrigen

Sozialbetreuungsschlüssel. Nach offizieller Vorgabe soll ein Sozialarbeiter 150 Asylsuchende betreuen. In den Aufgabenbereich fallen die Vermittlung zwischen Geflüchteten, Behörden, Bürgern und zivilgesellschaftlichen Akteuren sowie die Unterstützung der Bewohner zur eigenständigen Bewältigung des Alltags in der neuen Umgebung. Die Betreuung von Menschen verschiedener Herkunft, manche durch Kriegs- oder Fluchterlebnisse schwer traumatisiert, ist unter den derzeitigen Voraussetzungen eine enorme Herausforderung.

Farid erzählt, dass er mit vielen seiner Nachbarn ein gutes Verhältnis hat, dennoch bleiben Konflikte z. B. aufgrund unterschiedlicher Lebensrhythmen nicht aus. »Es gibt manchmal Bewohner, die Probleme machen. Sie trinken Alkohol oder sind sehr laut. Trotzdem, wenn ich andere Heime in Dresden sehe, ist unseres das Beste. Unser Glück, kann man sagen, dass wir in diesem Heim wohnen.« Die Mitarbeiter im Heim seien freundlich, auch mit dem Heimleiter komme er gut klar. Dennoch gibt es einige Einschränkungen: Nach zehn Uhr darf nicht mehr gekocht und es dürfen keine Gäste mehr empfangen werden. Farid teilt sich seit zwei Jahren mit seiner 73-jährigen Mutter ein kleines Zimmer. Er beschreibt, dass ihm das Deutschlernen unter diesen Umständen schwerfällt, deswegen hat er mehrmals beim Sozialamt einen Antrag auf eine 2-Zimmer-Wohnung gestellt.

Die dezentrale Unterbringung in Form einer eigenen Wohnung ist vorrangig Familien, Personen mit einer psychischen Erkrankung und Personen mit Aufenthaltserlaubnis vorbehalten. Kürzlich hat Farids Mutter den Aufenthaltstitel erhalten und kann nun in eine eigene Wohnung ziehen. Da sie auf Pflege angewiesen ist, darf Farid sie in die neue Wohnung begleiten.

Leben in Sachsen

Die Zahl der Geflüchteten im Freistaat Sachsen steigt seit den letzten Jahren erheblich, die Wartelisten für Deutschkurse werden immer länger. Asylsuchende warten meist monatelang auf einen freien Platz. Um sich selbstständig im alltäglichen Leben bewegen zu können, ist das Beherrschen der Landessprache unverzichtbar. In dem Ort, in dem Muhammad lebt, wird jedoch kein Deutschkurs angeboten. Daher lernt er Deutsch über Videos auf YouTube.

Farid hat bereits einen Kurs besucht. Auch für ihn hat das Erlernen der deutschen Sprache hohe Priorität, denn er möchte Kontakt zu den Dresdnern und sich ein Leben in Deutschland aufbauen. Während des Asylverfahrens haben Asylsuchende keinen Anspruch auf einen Deutschkurs, aber einzelne Kommunen fördern den frühen Spracherwerb bereits in dieser Phase. Das Defizit von staatlicher Seite wird vielerorts von Ehrenamtlichen ausgeglichen, etwa durch Kurse, Tandemprogramme oder Patenschaften.

Geflüchtete mit einer Aufenthaltserlaubnis sind gesetzlich verpflichtet, an einem Integrationskurs teilzunehmen. Dieser beinhaltet neben einem Sprachkurs auch einen Orientierungskurs, bei dem die Teilnehmer unter anderem in die Geschichte, Kultur und Rechtsordnung Deutschlands eingeführt werden.

Für Kinder besteht gemäß §§ 26, 28 Schulgesetz Schulpflicht, unabhängig von ihrem Aufenthaltsstatus. Bevor am normalen Schulalltag teilgenommen werden kann, muss ein vorbereitender Kurs besucht werden, damit die sprachliche Integration in die Regelklassen gewährleistet wird. Neda ist zusammen mit ihrer Familie vor anderthalb Jahren von Afghanistan nach Leipzig gekommen. Sie hat die vorbereitenden Kurse bereits abgeschlossen und besucht seither die 8. Klasse. »Auch wenn es am Anfang schwierig war, dem Unterricht zu folgen, macht es mir Spaß.«

Erwachsene haben es weitaus schwerer. Für Asylsuchende und Geduldete gilt in den ersten drei Monaten ein Arbeitsverbot. Danach benötigen sie eine Beschäftigungserlaubnis, die bei der Ausländerbehörde durch Vorlegen eines konkreten Arbeitsangebotes beantragt werden kann. Oft wird ein Antrag wegen der sogenannten Vorrangregelung abgelehnt, nach dieser werden Deutsche, EU-Bürger oder Ausländer mit einer Aufenthaltserlaubnis bevorzugt. Farid hat seit einiger Zeit einen Arbeitsvertrag mit einem Dresdner Theater. Der Weg dorthin hat ihn viel Kraft gekostet. Als sein Antrag von der Ausländerbehörde abgelehnt wurde, setzte sich die Chefin des Theaters für ihn ein, was zu einer erneuten Prüfung des Antrags führte. Die Arbeit macht ihm Spaß, obwohl er schon einige Male Diskriminierung erfahren musste: »Als ich an der Garderobe arbeitete, kam ein älterer Gast zu mir und sagte: ›Was machst du hier? Du darfst hier nicht arbeiten.‹«

Auch Muhammad hätte gerne eine Arbeitsstelle. Wie jeder alleinstehende erwachsene Geflüchtete im Asylverfahren bezieht er gemäß Asylbewerberleistungsgesetz insgesamt 352 Euro monatlich. Dieser Betrag setzt sich zusammen aus der Grundleistung für den notwendigen Bedarf an Ernährung, Kleidung, Unterkunft, Heizung sowie Gesundheits- und Körperpflege und einem Taschengeld zur Erfüllung alltäglicher Bedürfnisse. Durch das Geld soll ein menschenwürdiges Existenzminimum auf materieller Ebene, aber auch ein Mindestmaß an Teilhabe am gesellschaftlichen, kulturellen und politischen Leben und die Möglichkeit, soziale Kontakte zu pflegen, garantiert werden.

»Ich verstehe nicht, warum ich nicht arbeiten darf, obwohl ich gesund bin und arbeiten kann und will.« Das Geld, welches Muhammad vom Staat bekommt, solle lieber für Menschen, die nicht arbeiten können, wie Kranke und alte Menschen verwendet werden, er möchte für sein Leben selbst aufkommen.

Perspektiven

Muhammad, dessen Asylantrag nach der Dublin-III-Verordnung abgelehnt wurde, legt nun Widerspruch ein. Dank der Unterstützung von Freunden und des Entgegenkommens seines

Anwalts, kann er sich das Gerichtsverfahren leisten. Denn die Kosten dafür muss ein Geflüchteter selbst tragen. Im Falle einer positiven Entscheidung hofft er, seine Familie nachholen zu können. Die Möglichkeit dazu haben anerkannte Flüchtlinge und Geflüchtete mit subsidiärem Schutz. Anerkannten Flüchtlingen wird in Deutschland drei Jahre Asyl gewährt, danach erhalten sie nach erneuter Prüfung eine unbefristete Niederlassungserlaubnis. Geflüchtete mit subsidiärem Schutz erhalten eine einjährige Aufenthaltserlaubnis, die um je zwei Jahre verlängert werden kann. Nach sieben Jahren kann ebenfalls eine Niederlassungserlaubnis erteilt werden, wenn andere Voraussetzungen wie etwa die Sicherung des eigenen Lebensunterhaltes und ausreichende Sprachkenntnisse gegeben sind.

Gulalai, Nedas Mutter, ist mit ihrem Mann und ihren vier Kindern aus Afghanistan geflohen. Sie ist zufrieden in Leipzig. Über eine Nachbarschaftsinitiative hat Gulalai Kontakte geknüpft, zweimal im Monat trifft sie sich mit anderen Frauen zum Kochen. Sie war Lehrerin in Afghanistan und ist gerne von Menschen umgeben. Trotz der Schwierigkeiten mit der Sprache findet sich die sechsköpfige Familie inzwischen im Alltag zurecht. Auf die Frage, wie es weitergeht, grinst ihre Tochter Neda: »Mal sehen, was passiert. Nach der Schule möchte ich gerne Jura studieren.«

Die positiven Erfahrungen der Familie von Gulalai sind nicht selbstverständlich. Seit zweieinhalb Jahren lebt Farid nun schon in Dresden, sein offenes Asylverfahren lässt ihn im Ungewissen. »Wir hatten große Pläne damals, aber wenn die Leute jetzt fragen, wie ich meine Zukunft sehe, antworte ich: ›Ich sehe mich als jemand, der durch die Straßen geht und Pfandflaschen sammeln muss‹ – so sehe ich meine Zukunft in Deutschland.« Am liebsten würde er zu seiner Familie nach Hamburg, doch die aktuelle Gesetzgebung steht ihm im Wege. »Durch das Gesetz verlieren wir Zeit. Wir sind jung. Das ist die Zeit in unserem Leben, in der wir etwas machen müssen. Wenn ich andere in meinem Alter sehe, die eine Ausbildung machen, denke ich mir: Warum habe ich diese Chance nicht?«

Es sind nicht nur die gesetzlichen Einschränkungen, die die Lebenssituation aktuell so zermürbend machen. »Was uns sehr, sehr unglücklich macht, ist die Reaktion von den Leuten.« Farid berichtet von vielen Begebenheiten, die ihm das Leben hier erschweren. Im Dresdner Alltag begegnet ihm viel Misstrauen bis hin zu offenen Anfeindungen. Da ist z. B. die Sprachlehrerin, die ihn spöttisch fragt, ob er in seinem Leben schon mal einen Computer gesehen habe. Der Platz neben ihm im Bus, der immer frei bleibt. Als er eines Nachts von der Arbeit nach Hause geht, stellen sich ihm plötzlich zwei fremde Männer in den Weg, fragen ihn, woher er kommt und verlangen seinen Ausweis. »Ich habe gesagt: ›Bitte lasst mich nach Hause gehen, ich bin sehr müde. Ich habe keine Angst vor euch.‹ Ich habe viele Nazis in meinem Leben gesehen. Sie und die Taliban sind das Gleiche für mich.«

Die Stimmung in Dresden ist angespannt. »Ich frage mich oft warum? Das ist ein demokratisches Land, alle Leute sind gleich, es gibt keinen Krieg und keinen Terror. Warum denken die Leute hier so? Wenn jemand keine Probleme in seinem Land hätte, würde er natürlich nicht in ein anderes Land gehen.« Farid hat in Afghanistan als Englisch-Lehrer für ein NATO-Programm gearbeitet, bis er eine Morddrohung von den Taliban bekam. Innerhalb weniger Tage musste er das Land verlassen.

Die Präsenz von fremdenfeindlich motivierter Gewalt ist inzwischen trauriger Bestandteil des Alltags, nicht nur in Dresden. Die derzeitigen Entwicklungen in Sachsen, aber auch in ganz Deutschland erfüllen viele Menschen mit großer Unruhe.

Statt mit Gewalt und Widerwillen auf steigende Flüchtlingszahlen zu reagieren, wählen viele einen anderen Weg: Sie unterstützen, begleiten, beraten. Das Warten im Asylverfahren, die unzähligen Behördengänge, der schwierige Zugang zu Arbeit und Sprachkursen und die Isolation, die daraus entstehen kann, sind zentrale Hürden, die einem Asylsuchenden in Deutschland auf seinem Weg begegnen. Um ihnen das Ankommen zu erleichtern, bringen sich vielerorts Freiwillige durch selbstorganisierte Sprachkurse, Sachspendenaktionen und Sportaktivitäten aktiv in ihrer Umgebung ein.

Die Aufnahme von Geflüchteten in unserer Gesellschaft ist eine immense Aufgabe und ein langer Prozess. Wie können wir es schaffen, dass Menschen trotz Heimatverlust ihre Identität bewahren können und sie gleichzeitig dabei unterstützen, sich in der neuen Umgebung zurechtzufinden? Gegenseitige Aufmerksamkeit und Offenheit für Dialog können Voraussetzungen für ein Zusammenleben sein. Wie wichtig Begegnungen auf Augenhöhe sind, betont Farid: »Manche fragen uns nach unserer Situation hier und was wir vorher in unserem Leben gemacht haben. Das gibt uns Energie.«

Quellen

Asylverfahren und allgemeine Informationen

▸ BAMF (Hg.): Das deutsche Asylverfahren – ausführlich erklärt: Zuständigkeiten, Verfahren, Statistiken, Rechtsfolgen. Nürnberg 2014.

▸ BAMF (Hg.): Asyl in Zahlen 2009. Nürnberg 2010.

▸ Holinski, Katrin / Knausberg, Miriam: Mal ehrlich! Flucht und Asyl in Sachsen. Hg. von Weiterdenken – Heinrich-Böll-Stiftung Sachsen e.V., 4. Aufl. Dresden 2015.

▸ Sächsische Staatskanzlei (Hg.): Asylbewerber und Flüchtlinge im Freistaat Sachsen: Fakten und Hintergrundinformationen. 2015, sachsen.de/assets/Asylbewerber_und_Fluechtlinge_im_Freistaat_Sachsen_Stand_August_2015_2.pdf (08.11.2015).

Dublin III

▸ Becker, Marlene u. a.: Malta: »Out of System«: Zur Situation von Flüchtlingen auf Malta. Hg. von bordermonitoring.eu e.V. / Förderverein Pro Asyl e.V., 2012.

▸ Filzwieser, Christian / Sprung, Andrea: Dublin III-Verordnung: Das Europäische Asylzuständigkeitssystem. Stand: 01.01.2014. Berlin 2014.

Wohnen

▸ Müller, Andreas: *Die Organisation der Aufnahme und Unterbringung von Asylbewerbern in Deutschland.* In: Working Paper 55 der Forschungsgruppe des Bundesamtes für Migration und Flüchtlinge. BAMF (Hg.), Nürnberg 2013.
▸ Sächsische Staatskanzlei (Hg.): Verwaltungsvorschrift zur Unterbringung und soziale Betreuung des Sächsischen Ministeriums des Inneren. Dresden 2009.
▸ Sächsisches Staatsministerium des Inneren (Hg.): Unterbringungs- und Kommunikationskonzept für Asylbewerber. Medienservice Sachsen 2014, medienservice.sachsen.de/medien/news/190369 (19. 08. 2015).
▸ Wendel, Kay: Unterbringung von Flüchtlingen in Deutschland. Regelungen und Praxis der Bundesländer im Vergleich. Hg. von Förderverein PRO Asyl e.V., Frankfurt a. Main 2014.

Schule

▸ Sächsische Bildungsagentur (Hg.): Betreuung und Bildung von Kindern und Jugendlichen mit Migrationshintergrund. Stand Januar 2015. www.landtag.sachsen.de/dokumente/sab/Handreichung_Schule_Kita_Migration-30012015.pdf (18. 08. 2015).

Arbeit

▸ Flüchtlingsrat Leverkusen (Hg.): Arbeit bei Aufenthaltsgestattung oder Duldung. 2015, fluechtlingsrat-leverkusen.de/deutsch/3.2.1_arb_duldung.htm (18. 08. 2015).
▸ Strübing, Olaf: *Arbeitserlaubnisrecht für Drittstaatsangehörige. Neue Entwicklungen beim Arbeitsmarktzugang für Asylsuchende, Geduldete und Inhaber einer humanitären Aufenthaltserlaubnis.* In: Asylmagazin. 2015, Bd. 3, S. 62–66.

Sozialleistungen

▸ Bundesministerium für Arbeit und Soziales (Hg.): Leistungen für Asylbewerber werden verbessert. 2014, bmas.de/DE/Presse/Pressemitteilungen/2014/leistungen-asylbewerber-werden-verbesser (27. 08. 2014).
▸ Bundesministerium der Justiz und für Verbraucherschutz (Hg.): Asylbewerberleistungsgesetz (AsylbLG) § 3 Grundleistungen. 2015, gesetze-im-internet.de/asylblg/__3.html (18. 08. 2015).
▸ Sächsischer Flüchtlingsrat (Hg.): Situation von Geflüchteten in Sachsen. Geld- und Sozialleistungen. 2015, saechsischer-fluechtlingsrat.de/?p=224 (18. 08. 2015).

Deutschkurse

▸ BAMF (Hg.): Integrationskurs – Was ist das? 2012, bamf.de/DE/Willkommen/DeutschLernen/Integrationskurse/integrationskurse-node (18. 08. 2015).

Familienzusammenführung

▸ Europäische Kommission (Hg.): *Bericht der Kommission an das Europäische Parlament und an den Rat über die Anwendung der Richtlinie 2003/86 / EG des Rates betreffend das Recht auf Familienzusammenführung.* In: KOM, 2008: 610. Brüssel 2008.
▸ Heinhold, Hubert: *Familiennachzug zu Ausländern mit einem humanitären Aufenthaltstitel.* In: Asylmagazin, 2013: Bd. 10, S. 318–323.
▸ Zeran, Ünal: *Erleichterter Familiennachzug durch EuGH Rechtsprechung.* In: Asylmagazin, 2010: Bd. 6, S. 188–192.

Kunst und Kreativität

Der Islam ist nicht nur ein Thema von Integrationsdebatten, sondern geht weit über sie hinaus. Wissenschaftler erforschen islamische Kulturen und Gesellschaften; Künstler setzen sich mit dem Islam auseinander und geben Impulse für neue Sichtweisen. Muslime schaffen Kunst, die ihren Glauben, ihre Kultur oder ihre Erfahrung zum Ausdruck bringen.

Katharina Pfannkuch

Die Kraft der Worte – Muslimische Popkultur am Beispiel »i,Slam«

»Ich würde jederzeit wieder in Sachsen auftreten«. So lautete das Fazit von Leila El-Amaire im Juni 2015 über ihren Auftritt in Dresden im März desselben Jahres.[1] Nur wenige Monate, nachdem ihre Mitstreiterin Nemi El-Hassan vor über 10 000 Menschen bei der Veranstaltung »Offen & Bunt – Dresden für alle« auf dem Dresdner Neumarkt auf der Bühne stand[2], rezitierte auch Leila, Poetry-Slam-Künstlerin und Mitglied des Kollektivs »i,Slam«, einen eigenen Text in Sachsen.[3]

Marc Kelly Smith aus Chicago erfand Poetry Slams 1984; zwei Jahre später fand die erste »Dichterschlacht« statt.[4] Heute werden weltweit Poetry Slams veranstaltet. Immer wieder bringt diese Kunstform auch kleine Berühmtheiten hervor, in Deutschland zuletzt die 22-jährige Julia Engelmann. Ein Video ihres Auftritts in Bielefeld aus dem Jahr 2013 erhielt auf der Videoplattform YouTube über acht Millionen Klicks; 2014 veröffentlichte Engelmann ein Buch mit ihren Texten.[5]

Auch i,Slam ist mittlerweile deutschlandweit bekannt, wird in großen Tageszeitungen wie Zeit Online und Die Welt porträtiert und in Fernsehsendungen eingeladen, etwa im Januar 2015 bei Maybritt Illner im ZDF.[6] Das Besondere an i,Slam: Hier dichten junge, in Deutschland lebende Muslime auf deutscher Sprache über Identität, Integration, Religion und politische Fragen. Das tun sie kreativ und wortgewaltig, wie ein Text der i,Slam-Teilnehmerin Farah Bouamar zeigt:

Wen interessierts, dass Du Dich fürs Ballett interessiert, Pferde liebst, Hugo liest, Goethe sprichst
Wen interessierts, dass Du Philosophie isst und Politik trinkst
Wen interessierts, ob die Literatur Dein Freund ist oder ob ›Haute Couture‹ Deine Gefährtin ist.
Was Dich juckt ist das verzerrte Bild des Islams – Doch freu Dich drauf – lass uns reden und ich erzähl Dir was vom Islam und nebenbei was über Coco Chanel.[7]

Um Sprache dreht sich alles bei i,Slam. Nicht umsonst heißt das Motto »Alles begann mit einem Wort«. Die Grundidee sei es, »jungen, talentierten Muslimen die Möglichkeit [zu] geben, gehört zu werden, wenn sie sich zu gesellschaftlichen, politischen oder religiösen Themen äußern und das in Form von Prosatexten und Gedichten, mit schwarzem Humor, Satire oder aber Dramatik. Es geht um die Stimme, die die muslimische Jugend zwar hat, der aber oftmals die geeignete Plattform fehlt«.[8] Diese Plattform schufen Younes Al-Amayra und Youssef Adlah, zwei in Berlin lebende Muslime, vor vier Jahren.[9]

Adlah trat zuvor selbst bei Poetry Slams auf. Er und Al-Amayra fragten sich, weshalb bei den Veranstaltungen stets so wenig Muslime teilnehmen. Ihre Vermutung: »Meist wird in Kneipen geslammt, und religiöse Texte werden eher belächelt«.[10] Auch treten vor allem Männer bei Poetry Slams auf – ein weiterer Grund, 2011 eine Alternative zu schaffen: »Da ist es für Mädchen ohnehin oft schon unangenehm, auf die Bühne zu gehen, noch schwieriger wird es mit Kopftuch. Und so haben wir versucht, mit i,Slam einen Rahmen zu schaffen, in dem sich Muslime ausprobieren können«.[11]

Dieser Rahmen sieht so aus: Die Dichter-Wettbewerbe finden an neutralen Veranstaltungsorten wie der Akademie der Künste in Berlin, dem Hamburger Thalia Theater oder dem GRASSI Museum in Leipzig statt. Während der Veranstaltungen wird kein Alkohol ausgeschenkt und die Initiatoren legten Regeln fest, die sie in Anlehnung an die fünf Säulen des Islam die »5 Säulen des i,Slam« nennen:

- Jeder Teilnehmer wird mit Respekt behandelt,
- nur selbst verfasste Texte dürfen vorgetragen werden,
- Requisiten auf der Bühne sind nicht erlaubt,
- für seinen Bühnenvortrag hat jeder Teilnehmer 6 Minuten Zeit,
- Kraftausdrücke, Beleidigungen und verbale Attacken sind verboten, denn »der islamische Rahmen muss gewahrt bleiben«.[12]

Über 40 Dichter traten bereits bei i,Slam-Veranstaltungen auf, mehr als die Hälfte davon sind Frauen. Sowohl Muslimen als auch Nichtmuslimen eröffnen die poetischen Wortgefechte neue Perspektiven: »Man hat die Möglichkeit, in die Gedankenwelt eines muslimischen Jugendlichen einzutauchen, während der sich auf der Bühne alles von der Seele redet«, erklärte Adlah 2013 in einem Interview mit *Qantara*.[13]

Die Resonanz des Dresdner Publikums sei positiv gewesen, sagt Leila, es habe »viele sehr gute Begegnungen« gegeben. Vor dem Hintergrund der zu diesem Zeitpunkt erstarkenden PEGIDA-Bewegung waren die Auftritte besonders mutig. Gezögert hätten weder sie noch ihre Mitstreiter, als die Einladung kam: »Es wäre kontraproduktiv gewesen, sie nicht anzunehmen«. Bereits vor drei Jahren trat Leila mit i,Slam in Halle an der Saale auf, wo sie studierte.

Sie kennt die Hürden für Projekte junger Muslime in den neuen Bundesländern: »Es gibt einfach relativ wenige Muslime in der Region«. Daher sei es immer schwierig gewesen, genug Mitstreiter zu finden. Nur etwa 1,6 Prozent der in Deutschland lebenden ca. vier Millionen Muslime leben in den neuen Bundesländern.[14]

Dennoch, sie organisieren sich: Der Rat Muslimischer Studierender & Akademiker (RAMSA) lud im Rahmen des Tages gegen antimuslimischen Rassismus im Juli zu einer Gedenkveranstaltung zum sechsten Jahrestag der Ermordung von Marwa El-Sherbini in Dresden auch i,Slam ein.[15] i,Slam-Mitglieder hielten zudem bei der Dresdner IG-Metall-Jugend Workshops über »Sprache als Barriere oder Chance«.[16] Neben solchen Engagements ist das Team auch im Netz mit einer Website[17] und einem YouTube-Kanal aktiv.[18] Hier initiierten sie 2014 ein weiteres Projekt: Nach dem Vorbild des weltweit erfolgreichen Videos »Happy British Muslims«[19] produzierte Younes Al-Amayra 2014 das Video »Happy German Muslims«.[20] 2013 begannen Menschen auf der ganzen Welt, eigene Versionen des Musikvideos »Happy« des US-amerikanischen Sängers und Produzenten Pharrell Williams im Netz zu veröffentlichen; über 1400 Videos wurden auf YouTube hochgeladen.

»Happy British Muslims« generierte in einer Woche über eine Million Klicks. Es war die erste explizit muslimische Version, konzipiert von einem britischen Blogger-Kollektiv, das erklärte: »Auf die negative Presse [über Muslime], Klischees und Diskriminierung sollten wir mit Freude und einem Lächeln antworten, nicht mit Wut«.[21] Die Protagonisten sind muslimische Politiker, Künstler und Journalisten. Ihnen gemein ist der Wunsch, Moderne und Tradition, Individualität und kollektive Erwartungen zu verbinden. In den Medien tauchen sie jedoch – ebenso wie qualifizierte deutsche Muslime – meist in problematischen oder problematisierenden Zusammenhängen auf.

Auch in »Happy German Muslims« tanzen Muslime durch die Straßen. Selbstbewusst und humorvoll, aber immer islamkonform: Anzüglich- oder Freizügigkeiten sucht man vergeblich.[22] Dennoch gab es Kritik von Muslimen: Statt westliche und amerikanische Ideen nachzuahmen, sollten Muslime etwas Eigenes schaffen.[23] Von nichtmuslimischer Seite hieß es unter anderem: »Wie demonstriert man Abschottung? Indem man ein eigenes Happy-Video dreht, in dem nur Muslime zu sehen sind«.[24]

Öffentliche Kritik von allen Seiten begegnet vielen Akteuren muslimischer Jugendkulturen, die Elemente der »westlich« konnotierten Popkultur mit islamischen Inhalten füllen. Viele von ihnen nutzen vor allem soziale Netzwerke wie YouTube als Bühne. Die Videoplattform ist eine Bastion muslimischer Satire über politische und gesellschaftliche Themen. Der in Kanada studierende Syrer Anas Marwah gründete mit seinen palästinensischen Kommilitonen Maher Barghouthi und Nader Kawash »The Weekly Show«, in der sie den »Islamischen Staat« (IS) persiflieren.[25] Nachgestellte Nachrichtensendungen und Werbespots dienen als Schablone für schwarzen Humor, der aufrütteln und entlarven soll: Das Unternehmen Apple liefert die Vorlage für einen Spot für das »iPhone ISIS 9 Air«, ein »terroristenfreundliches Handy«, das sogar »Ungläubige orten« kann.[26]

Auch vier junge Syrer nutzen Satire als Waffe gegen den IS: In ihrem Video »The Prince«[27] sitzt das Oberhaupt der Terrororganisation Abu Bakr Al-Baghdadi am Wegesrand, spielt mit dem Smartphone, nippt an einem Glas Wein und hört arabische Popmusik. Als ein marokkanischer Kämpfer auftaucht, schaltet er Märtyrer-Gesänge ein und tauscht den Wein gegen Milch aus. Der Marokkaner sagt, er wolle nach Jerusalem und ins Paradies. Während er ihm einen Bombengürtel umschnallt, erzählt Al-Baghdadi von den dort wartenden Wonnen. Kaum ist die Bombe detoniert, tauscht er religiöse Gesänge und Milch wieder gegen Pop und Wein aus.[28]

Auch »Datteltäter«, die den ersten deutschsprachigen muslimischen Satire-Kanal gründeten, seit Juni 2015 online, setzen auf schwarzen Humor.[29] Einen deutschen TV-Werbespot, der seit den 90er Jahren vor allem dank seiner eingängigen Titelmelodie populär ist, wandeln sie in einen Werbefilm für den IS um, der dessen Brutalität verdeutlichen soll. Folgender Text ist zu hören:

Vollgepackt mit Sprengstoffsachen, die den Teufel glücklich machen,
hinein ins Höllenfeuer.
Mit ISIS-Weltansichten quälen, töten und vernichten,
hinein ins Höllenfeuer.
Jag' dich doch hoch, drück' doch den Knopf, benutz' nie wieder deinen Kopf,
mit IS ins Höllenfeuer.[30]

Ehemalige i,Slam-Mitglieder haben dieses Projekt gemeinsam mit Nicht-Muslimen gestartet. Bewusst verwenden sie Begriffe, die in den Medien zu Reizworten avanciert sind, erklärte Younes Al-Amayra im Juni 2015: »Begriffe wie Kalifat oder Dschihad sind im Islam grundsätzlich nicht negativ konnotiert. ISIS und Co ziehen diese Worte aber durch den Dreck«.[31] Laut der Website gründen die Datteltäter ein »Satire-Kalifat«, das Klischees über Muslime den »Bildungsdschihad« erklärt.[32]

YouTube ist auch Bühne für eine medial vielbeachtete Bewegung junger muslimischer Frauen, die sich selbst als »Hijabistas« bezeichnen. Sie zeigen auf eigenen Kanälen Kopftuch-Tipps und erzählen von ihrem Alltag als verschleierte Frau in Europa. Einige von ihnen, z. B. die Britin Dina Tokio[33] oder die Niederländerin Ruba Zai[34], sind mittlerweile Unternehmerinnen und bewerben ihre Produkte auch auf Instagram.

Reina Lewis, Professorin am London College of Fashion, erforscht das Phänomen der Kombination von »modest fashion« mit globalen Modetrends nicht nur, aber auch mit Blick auf Musliminnen in zweiter und dritter Generation in Einwanderungsgesellschaften. Diese Frauen seien in der Konsumkultur aufgewachsen und wollen mit dem, was sie kaufen und tragen, ihre Identität ausdrücken.[35] Das Internet beschleunige die Verbreitung dieses Phänomens.[36] Signifikant für die Hijabistas sei ihre Offenheit gegenüber Einflüssen aus westlichen, aber auch afrikanischen und indischen Kulturen, die sie mit islamkonformer Kleidung kombinieren.[37] Sie treten sichtbar als Teil der Gesellschaften auf, in denen sie leben, und bewahren Werte der Herkunftskultur ihrer Eltern und Großeltern.[38] Medialen Auftrieb gewann dieses Thema 2013, als das YouTube-Video »Mipsterz – Somewhere in America« mit Klischees über kopftuchtragende Musliminnen brach.[39] Junge Musliminnen, die aktuelle globale Modetrends – enge Röhrenhosen und hohe Absätze etwa – mit dem Kopftuch kombinieren, sind hier zu sehen, wie sie auf Skateboards durch die Straßen fahren, tanzen, lachen und selbstbewusst vor der Kamera posieren.

Die Identität verschleierter Frauen in Einwanderungsgesellschaften steht zwar nicht im Fokus von i,Slam, aber sie spielt eine Rolle für jene weiblichen Mitglieder, die Kopftuch tragen – so wie Leila. Durch ihre aktive Teilnahme bei i,Slam und mit ihren Bühnenauftritten tritt sie ebenfalls als sichtbarer und hörbarer Teil der Gesellschaft auf.[40]

Die Offenheit für neue Einflüsse, die Inanspruchnahme von Ideen der westlich geprägten Konsum- und Popkultur und die gleichzeitige Bewahrung der eigenen religiösen Werte, die bei Hijabistas und Mipsterz erkennbar sind, zeichnet auch Projekte wie Datteltäter und i,Slam aus. Um eigene Gedanken zu artikulieren nutzt i,Slam die Kunstform des Poetry Slam. Noch deutlicher als bei den genannten Modephänomenen wird durch den Einsatz der deutschen Sprache die Identität als deutscher Muslim betont. Der Erfolg, die mediale Aufmerksamkeit und die positive Resonanz nach den Auftritten von i,Slam in Sachsen zeigen, dass Poetry Slams durchaus gesellschaftliche Wirkung zeigen, zu gegenseitigem Zuhören und zum Dialog führen können.

Zum Weiterlesen

- Fährmann, René: Jugendkulturen in muslimischen Lebenswelten: Identitätsfindung junger, praktizierender Muslime in Deutschland. Saarbrücken 2015.
- Herding, Maruta: Inventing the Muslim Cool: Islamic Youth Culture in Western Europe. Bielefeld 2013.

1 Zitate aus telefonischem Interview vom 26.06.2015.

2 Nemi El-Hassan bei »offen und bunt« am 26.01.2015 in Dresden (2015): Dresden Fernsehen (YouTube-Kanal), youtu.be/ySi9IKrODlc (04.08.2015).
Nemi El-Hassan slammt gegen Pegida »Deutschland, Angst ist ein schlechter Berater« (2015): N24 (N24.de), n24.de/n24/Nachrichten/Panorama/d/6063490/ (04.08.2015).

3 Gedenkveranstaltung zum 6. Jahrestag der Ermordung von Marwa El-Sherbini in Dresden – Ein Poetry-Slam-Beitrag von Leila El-Amaire (2015): Rat muslimischer Studierender und Akademiker e.V. (RAMSA), facebook.com/tag.gegen.antimuslimischen.rassismus/videos/1601489140114553/ (04.08.2015).

4 Kulturraum Trier (Hg.): Geschichte – Von Chicago in die Welt (o.J.) kulturraumtrier.de/index.php?option=com_content&view=article&id=47 (04.08.2015).

5 Engelmann, Julia: Eines Tages, Baby. München 2014.

6 Maybrit Illner 22.01.2015. 2015: i,Slam (Audiodatei auf i,Slam), i-slam.de/index.php/zu-gast-bei-freun

den/gastauftritte/item/387-maybritt-illner-22012015 (03.08.2015).
7 Bouamar, Farah: Was dich nicht juckt, muss dich nicht kratzen (2014). IslamiQ (Hg.), islamiq.de/?p=5230 (04.08.2015).
8 i,Slam (Audiodatei auf i,slam), i-slam.de/index.php/company/alles-begann-mit-einem-wort (03.08.2015).
9 Younes Al-Amayra ist mittlerweile nicht mehr bei i,Slam aktiv.
10 Vgl. Teichelmann, Barbara: Muslimischer Poetry Slam. Die »5 Säulen des i,Slam« (2013), in: Qantara, 21.10.2013, de.qantara.de/node/17115 (04.08.2015).
11 Ebd.
12 Ebd. und i,Slam (Hg.): Regelwerk (2012) i-slam.de/index.php/company/alles-begann-mit-einem-wort (03.08.2015).
13 Teichelmann: 5 Säulen.
14 MLD, S. 107. Zur ungenauen Bezifferung der in Deutschland lebenden Muslime seien folgende kritische Beiträge empfohlen: Dernbach, Andrea: *Statistiken in der Kritik. Die Muslim-Macher*. In: Der Tagesspiegel, 21.07.2013, sowie Spielhaus, Riem: Wer ist Moslem und wenn ja, wie viele? In: Mediendienst Integration, 05.06.2013, mediendienst-integration.de/artikel/wer-ist-muslim-und-wenn-ja-wie-viele (03.08.2015).
15 Weitere organisierte Gruppen muslimischer junger Erwachsener siehe z. B. hier: The Muslim Community in Dresden (Gemeinschaft). Facebook-Auftritt: facebook.com/pages/-/1629930347219009, sowie hier: Muslim Student in Dresden. Facebook-Auftritt: facebook.com/pages/-/249111395295003 (04.08.2015).
16 i,Slam (Hg.): Handy-Uploads (2015) facebook.com/iSlamm.de/photos/a.760324823997718.1073741829.289017791128426/1046618522035012/ (04.08.2015).
17 Website i,Slam: i-slam.de (04.08.2015).
18 YouTube-Kanal i,Slam: youtube.com/user/iSLAMMde (04.08.2015).
19 Pharrell – Happy British Muslims! (2014): Beni (YouTube-Kanal), youtu.be/gVDIXqILqSM (04.08.2015); Pharrell – Happy German Muslims [i,Slam] (2014): i,Slam (YouTube-Kanal), youtu.be/xfh6pGGrdus (04.08.2015).
20 Pfannkuch, Katharina: Glück. Na klar, Muslime tanzen auch (2014). In: Zeit Online, 24.04.2014, zeit.de/gesellschaft/zeitgeschehen/2014-04/happy-muslims (03.08.2015).
21 Pharrell – Happy British Muslims! (2014): Beni (YouTube-Kanal), youtu.be/gVDIXqILqSM (04.08.2015).
22 Vgl. Pfannkuch: Glück.
23 Interviews mit den Initiatoren.
24 Vgl. Pfannkuch: Glück. Leserkommentar #1 – 24. April 2014
25 Anas Marwah live on CTV's Canada AM (2015): The Weekly Show (YouTube-Kanal), youtube.com/channel/UCLGBtQ9dgKtlYgqafiLrQPg (04.08.2015).
26 Introducing iPhone ISIS 9 Air: The New Terrorist Friendly Device #theWeeklyShow (2014): The Weekly Show (YouTube-Kanal), youtu.be/FkCe7V6jQYU (03.08.2015), und Pfannkuch, Katharina: Mit Humor gegen Terror. Wie muslimische Karikaturisten den IS bekämpfen (2015). In: CICERO Online, 26.05.2015, cicero.de/weltbuehne/mit-humor-gegen-terror-wie-muslimische-karikaturisten-den-bekaempfen/59298 (03.08.2015).
27 ISIS Episode 3 The Prince (2015): *Ḍāya'a aṭ-Ṭāsa* (YouTube-Kanal), youtu.be/VUoxTxZtPaY (04.08.2015). Aus Sicherheitsgründen müssen sie anonym bleiben.
28 Ebd.
29 Datteltäter (YouTube-Kanal), youtube.com/channel/UCF_oOFgq8qwi7HRGTJSsZ-g und Datteltäter (Homepage), datteltäter.de/ (04.08.2015).
30 Mit ISIS ins Weekend-Feeling ... (2015): Datteltäter (YouTube-Kanal), youtu.be/ktqFLMjj7ks (04.08.2015) und Pfannkuch, Katharina: *Ein deutsch-muslimisches Empörium*. In: Die Welt, 14.07.2015.
31 Ebd. »Dschihad« steht in der islamischen Tradition zunächst einmal für »Anstrengung«, die Überwindung eigener Schwächen zugunsten der korrekten Ausübung der Religion. »Kalifat« bezeichnet neutral eine Herrschaftsform, die zum ersten Mal in der islamischen Frühgeschichte Anwendung fand.
32 Ebd. und Datteltäter (Homepage).
33 dinatokio (Instagram), instagram.com/dinatokio/ (04.08.2015).
34 hijabhills (Instagram), instagram.com/hijabhills/ (04.08.2015).
35 Lewis, Reina: Introduction. In: Dies. (Hg.): Modest Fashion – Styling Bodies, Mediating Faith. London / New York 2013.
36 Pfannkuch, Katharina: *Sie spielen mit Konfliktstoff*. In: CICERO, Bd. 5, 2014, S. 98–103.
37 Ein Beispiel hierfür ist der Turban, zu dem viele Hijabistas ihr Kopftuch binden.
38 Pfannkuch, Katharina: *Sie spielen mit Konfliktstoff*.
39 Pfannkuch, Katharina: Mipsterz: Die muslimischen Hipster kommen, in: CICERO Online, 11.12.2013, cicero.de/weltbuehne/szenekultur-hipster-aufgepasst-die-mipsterz-kommen/56616 (04.08.2015).
40 Vgl. hierzu auch dbate: Mein Kopftuch – Muslimas auf YouTube (2015): dbate (Videotagebuch), dbate.de/?p=2324 (04.08.2015).

Sheryn Rindermann und Tamara Wyrtki

Repräsentationen von Orient und Islam

Der Orient ist ein integraler Teil der europäischen materiellen Zivilisation und Kultur.[1] Edward Said

Durch wirtschaftliche und kulturelle Beziehungen ist Sachsen seit Jahrhunderten eng mit der Region östlich Europas verbunden. Aus diesem Austausch ergaben sich in Geschichte und Gegenwart ein Interesse am Unbekannten und gleichzeitig ein Bedürfnis nach Abgrenzung. Die Begriffspaare »Orient und Okzident«, »Morgenland und Abendland«, schaffen Gegensätze, die den Orient zum Ort »des Anderen« werden lassen. Bis heute bestimmt diese wirkmächtige Vorstellung Denken und politisches Handeln. Wichtige Akteure sind hierbei auch Kunstschaffende und Wissenschaftler. Sie bestimmen das Bild vom Orient mit, welches sich in den Medien, in der bebauten Umwelt unserer Städte, in den Museen und Universitäten oder in den eigenen vier Wänden manifestiert. Viele von ihnen sind bemüht, einseitige und vereinfachende Darstellungen von »Orient« und »Islam« zu brechen und der Vielseitigkeit des Nahen und Mittleren Ostens gerecht zu werden.

Rekonstruieren und Repräsentieren

Wie konkret sich die exotisierenden Vorstellungen des Orients und Islams manifestieren können, wird bei der alten Tabakfabrik Yenidze in Dresden augenscheinlich: Aufgrund von Auflagen, die untersagten, als solche erkennbare Fabriken in der Dresdner Innenstadt zu bauen, errichtete der Tabakfabrikant Hugo Zietz 1909 seine Fabrik im Stil einer imaginären Moschee. Bis heute prägt dieses Bauwerk das Stadtbild Dresdens und bietet auch Raum für Veranstaltungen, die den Besuchern ein märchenhaftes Bild aus Tausendundeiner Nacht vor Augen führen: So soll in der farbig verglasten Kuppel des Gebäudes »der Zuschauer in eine geheimnisvolle und exotische Welt entführt«[2] werden, welche jedoch abseits romantisierender Erzählungen in Literatur und Kunst niemals existierte.

Jedoch hat andernorts in Sachsen ein Umdenken eingesetzt. Kritische, sich selbst reflektierende Auseinandersetzungen in Kunst und Wissenschaft versuchen ein Bild des Orients zu schaffen, das seinen vielfältigen Wirklichkeiten und Menschen in ihren historischen und gegenwärtigen Zusammenhängen gerecht wird. Angestoßen wurde diese Debatte durch das Buch »Orientalism« (1978) des US-amerikanischen Literaturwissenschaftlers Edward Said, in dem er detailliert ausführte, wie und warum sich Wissenschaftler und Literaten mit der großen und komplexen Region östlich von Europa auseinandersetzten und daraus »den Orient« konstruierten. Exemplarisch für das daraus resultierende Umdenken sind Projekte, die versuchen die Lebenswelten von Menschen aus den vergangenen Jahrhunderten in unsere heutige Zeit zu transportieren und begreifbar zu machen. Damit wirken sie Konstrukten vom Orient entgegen.

Ein anschauliches Beispiel für den Wandel im Umgang mit historischen Zeugnissen ist das Damaskuszimmer, das Gegenstand verschiedener Interpretationen des arabisch-islamischen Raumes ist. Dabei sind kuratorische Entscheidungen dafür verantwortlich, welche Assoziationen beim Museumsbesucher geweckt werden. Beim Damaskuszimmer handelt es sich um die äußerst kunstvoll gestaltete Innenausstattung des Empfangsraums eines reichen Stadthauses aus dem 19. Jahrhundert, welches seit Beginn 2014 für eine Dauerausstellung des Museums für Völkerkunde Dresden unter der Leitung der Restauratorin Anke Scharrahs wiederhergerichtet wird.[3] Das Damaskuszimmer hat eine lange Geschichte und einen weiten Weg von seinem ursprünglichen Ort in das Museum in Sachsen zurückgelegt, wo es in Teilen seit 2005 ausgestellt wurde. »Seit dem späten 19. Jahrhundert gab es Ausstellungen zum Orient, in denen man versucht, ein Bild von Tausendundeiner Nacht zu suggerieren, das mit der Kultur des Nahen Ostens allerdings wenig zu tun hat«, erklärt Scharrahs. Das neue Projekt möchte einen Beitrag dazu leisten, solche alten Repräsentationsmuster aufzulösen und verallgemeinernden Stereotypen entgegenzuwirken. Das Zimmer soll nach seiner Restaurierung in einer neuen Präsentation »einen Einblick in die vielschichtige Lebenswelt einer Damaszener Familie im frühen 19. Jahrhundert geben und vor dem Hintergrund der aktuellen Geschehnisse im Nahen und Mittleren Osten Anknüpfungspunkte für interkulturelle Diskurse liefern.«

Ein weiteres Beispiel ist ein Projekt in Leipzig, in dem Handschriften als überlebende Zeugen einer alten Buchkultur zu Wort kommen. Die Damaszener Privatbibliothek »Refaiya« wurde 1853, im Bestreben die wissenschaftlichen und literarischen Werke der islamischen Kultur zu Studienzwecken nach Europa zu bringen, für die Universitätsbibliothek Leipzig erstanden und ist wohl die einzige, bis heute im historischen Bestand erhaltene Familienbibliothek aus der arabischen Welt. Von 2008 bis 2013 führte dort ein Team von Arabisten ein Projekt durch, das sich nicht etwa mit einzelnen Werken, sondern mit der gesamten Bibliothek als authentischem Zeugnis einer alten Bibliotheks- und Manuskriptkultur auseinandersetzt.[4] In den Handschriften haben Leser, Besitzer und Käufer viele hundert Notizen hinterlassen. So konnte Boris Liebrenz, wissenschaftlicher Mitarbeiter des Projekts, etwa zeigen, dass diese Spuren tief in die Geschichte der Refaiya, aber auch über sie hinaus in das kulturelle Umfeld ihrer Zeit führen. Denn die Lesernotizen geben Auskunft über die frühere Leserschaft, unter der sich auch Frauen und religiöse Minderheiten wie Juden und Christen befanden.[5]

Die Art und Weise, wie historische Gegenstände erforscht und präsentiert werden, sagt viel darüber aus, wie wir »andere« Gesellschaften wahrgenommen haben oder heute wahrnehmen. Kuratorischen Entscheidungen oder wissenschaftlichen Perspektiven kommt daher eine Schlüsselrolle zu, da sie Stereotypen, die der Region anhaften, ein vielseitiges und vielschichtiges Bild gegenüberstellen können.

Repräsentationen des heimischen Orients

Viele Elemente, die auch schon in den traditionellen Sammlungen ihren Platz gefunden haben, finden sich auch im zeitgenössischen künstlerischen und kulturellen Schaffen in Sachsen wieder. Zentrale Gegenstände wie etwa der Teppich können dabei Aufschluss geben, wie sich Bedeutungsträger und Repräsentationsmittel im Laufe der Zeit entwickelt und verändert haben. Rayan Abdullah, Professor für Typografie an der Leipziger Hochschule für Grafik und Buchkunst, sieht im Teppich eine visuelle Klammer, die einen sehr diversen und pluralistischen Raum zusammenfasst. Denn traditionell kristallisieren sich in Zeichen und Mustern auf Teppichen die Lebenswelt, Geschichte und Identität der vielen Nomadenstämme, die in den weitläufigen Regionen des Nahen und Mittleren Ostens sowie Zentralasien lebten.

In Sachsen wurde der Teppich in der jüngeren Vergangenheit Gegenstand verschiedener Kunstaktionen, die ihn als politischen Bedeutungsträger in einem aktuellen Kontext verwendet haben. Von Mai bis Juli 2015 präsentierte die Stadt Dresden auch ein seit 2014 vorbereitetes Werk der Künstlerin Nezaket Ekici im öffentlichen Raum: Auf der Wiese vor dem Landgericht installierte Ekici ein 7 × 14 m messendes Portal aus Teppichen. »Post it!« (2015) handelt von Dresdens Umgang mit dem »Anderen«. Gleich den kleinformatigen Haftzetteln, die als Erinnerungsstütze dienen sollen, will Ekicis »Post it!« an die 2009 im Dresdner Landgericht aus islam- und fremdenfeindlichen Motiven ermordete ägyptische Pharmazeutin Marwa El-Sherbini erinnern. Den Teppich begreift die Künstlerin als Gemeinschaft stiftendes Element: »Traditionell fand das Leben im osmanischen Reich auf Teppichen statt. Man traf sich dort, aß und trank, *verhandelte* auf dem Teppich sitzend.«[6] In diesem Bedeutungszusammenhang sollte »Post it!« in Dresden als verbindende und zum Dialog einladende Geste wirken.

Die Reaktionen auf die Installation waren mitunter heftig. Nach wenigen Tagen besprühten Unbekannte die Teppiche in großen Lettern mit den Worten »Scheiß Islam« und immer wieder wurden Teppiche gestohlen. »Die Arbeit setzt irgendetwas in den Leuten in Bewegung, die Stadt Dresden scheint gespalten zu sein. Insgesamt scheint in Deutschland Angst und Unsicherheit vor dem Fremden vorzuherrschen«, erläutert Ekici. Paradox wirken die Angriffe auf das Werk auch vor dem Hintergrund, dass der Orientteppich schon lange in deutschen Stuben verschiedenster sozialer Milieus angekommen ist und für manche den Inbegriff deutscher Bürgerlichkeit bildet. Dennoch scheinen sie als fremdartig oder gar bedrohlich empfunden zu werden. Bei der Künstlerin weckt dies noch einen weiteren Gedanken: »Die Teppiche als Bilder dürfen anscheinend nicht in Dresden existieren, sie werden geklaut, zensiert, abgebaut, als seien sie Opfer eines Bilderverbotes.« Das habe aber auch zu einem Dialog beigetragen: »Das ist wie eine Art Pingpong. Ich habe etwas in den Raum gestellt, und die Leute haben reagiert.«[7]

Den Teppich in seiner religiös-rituellen Form verwendete der Künstler Kurt Fleckenstein 2015 für seine Aktion: Er wollte die wahrgenommene Fremdenfeindlichkeit in Dresden thematisieren und gleichzeitig ein Zeichen gegen die Thesen von PEGIDA setzen. »Ich wollte für Toleranz werben, ich wollte mit diesen Teppichen einen Aspekt des Islams zeigen und diesen in Kontrast setzen zu der öffentlichen Meinung von PEGIDA«. Vor der Dresdner Frauenkirche arrangierte er 175 Gebetsteppiche, ausgerichtet gen Mekka. Mit dem 176. Teppich, auf dem Fleckensteins Bekenntnis »Ich glaube an Gott« geschrieben stand, reihte er sich in das bunte Miteinander ein. Seine Aktion geschah in den frühen Morgenstunden eines Februartages, an dem eine PEGIDA-Demonstration stattfinden würde. Obwohl es nicht zur Konfrontation mit den Demonstranten kam, da die Stadt die Teppiche zuvor entfernen ließ, bewertet Fleckenstein seine Aktion als Erfolg: »Ich wollte die Stadt Dresden, auch bildlich, in eine ganz andere Situation bringen [...] mein Ziel, Kritik an PEGIDA zu üben und künstlerisch für Offenheit zu demonstrieren, ist voll aufgegangen.«

Während Ekici mit ihrer Installation »Post it!« den Orientteppich zum zentralen Element machte, konzentrierte sich Fleckenstein auf den islamischen Gebetsteppich. Jedoch bezogen sich die Reaktionen nicht nur bei Fleckensteins Installation, sondern auch bei Ekicis Kunstwerk häufig auf eine religiöse Ebene. Die Parole »Scheiß Islam« auf den Teppichen vor dem Dresdner Landgericht zeigt, dass hier eindeutige Assoziationen vorliegen, die wenig differenziert sind. Sie lassen darauf schließen, dass »der Islam« ebenso wie »der Orient« als trennender Faktor konstruiert wird, als etwas fremdes »Anderes«, von dem man sich abgrenzt und vor dem man Ängste hat bzw. die man auch zu schüren weiß – wie es z. B. durch PEGIDA, die »Patriotischen Europäer gegen die Islamisierung des Abendlandes«, geschieht.

Kulturelle Auflösung im Krieg und ihre Repräsentation

Auch für den Dresdner Künstler Till Ansgar Baumhauer ist der Teppich eines der zentralen Medien. In seiner Dissertation an der Bauhaus-Universität Weimar hat sich Baumhauer mit Kriegsdarstellungen im Kontext des Dreißigjährigen Krieges in Deutschland und des seit über 30 Jahren währenden Krieges in Afghanistan auseinandergesetzt. Seine künstlerischen Arbeiten zeigte er in der Ausstellung »WARTIFACTS – Gewalt und ihr Abbild in Langzeitkriegen« von Januar bis März 2015.

Baumhauer kam 2008 als archäologischer Zeichner erstmals nach Afghanistan und stieß dort auf ein wenig bekanntes, irritierendes Phänomen, die sogenannten *war rugs*, Kriegsteppiche: Auf Teppichen wird seit jeher Alltag und Identität repräsentiert, entsprechend werfen Langzeitkriegserfahrungen auch darauf ihre Schatten. »Die Omnipräsenz von Krieg im Alltag tritt vor allem da hervor, wo die Kriegsmotivik funktionalisiert wird, um wieder im traditionellen Ornament einen Platz zu finden.« Scheinbar zusammenhangslos reihen sich auf manchen Teppichen Helikopter oder Panzer in traditionelle figurative Streumuster ein. »Das ist sicherlich die am stärksten alltagskulturelle Ebene der Übersetzung von Erlebtem in visuelle Medien.« Der Künstler zeigte diverse *war rugs* in seiner Ausstellung: »Die Idee war, meine künstlerischen Arbeiten einzubetten in die Kontexte, auf die sie sich beziehen, und damit eine Ausstellung zu machen, die [...] auch ethnologische und kulturhistorische Aspekte berücksichtigt.« Mit diesem Anspruch lud Baumhauer auch afghanische und internationale Gäste ein, künstlerische Arbeiten in der Ausstellung »WARTIFACTS« zu zeigen.

Ausgangspunkt für eine andere Werkgruppe, die »Entknüpfungen«, waren heute in Afghanistan präsente Embleme wie Truppenabzeichen, Heeressymbole und *Motivation Patches*, also Aufnäher auf Uniformen, wie: »God will judge our enemies – we'll arrange the meeting«, d. h. »Gott wird über unsere Feinde richten – wir werden das Treffen arrangieren«. »Ich habe angefangen, diese Bildkürzel in bereits existierende afghanische Teppiche zu übertragen, indem ich Knoten für Knoten mit der Feinmechanikerzange aus diesen gelöscht habe.« Dabei löst er die bestehenden, tradierten Muster teilweise auf. Gleichzeitig prägt Baumhauer aber neue Embleme wie ISAF, NATO oder *Hire Heroes USA* in die Teppiche ein. Damit findet er ein starkes Bild für das, »was mit diesem Land und seiner Kultur passiert, seitdem ein fremder Einfluss von außen gekommen ist und über Jahrzehnte Identität zerstört wurde«. In seiner künstlerischen Arbeit geht es ihm somit darum, »den kulturellen Zersetzungsprozess zu visualisieren – und die neuen Embleme als Bildmotive einzuführen«. In der Verknüpfung von Bildkulturen aus zwei kulturellen Traditionen, deren visueller Verbindung und dem wissenschaftlichen Rekurs auf Langzeitkriegserfahrungen, wird auch ein grundlegendes Anliegen des Künstlers deutlich, nämlich »eine Bresche zu schlagen in die kulturelle Abwehr dessen, was dort passiert, und was einen scheinbar nichts angeht. [...] Zu sagen: Guckt in eure eigene Geschichte und dann guckt nochmal da drüben hin. Dann werdet ihr sehen, dass es nicht so viele Unterschiede gibt.«

Dies bestätigt auch die Arbeit der Literaturübersetzerin Regina Karachouli. Sie wurde 1941 in Zwickau geboren, und lehrte bis zu ihrem Ruhestand am Orientalischen Institut der Universität Leipzig. Bis heute hat sie zahlreiche Romane aus dem Arabischen deutschen Lesern zugänglich gemacht. Dabei strebt sie danach, das Erleben und Erfahren der Autorinnen und Autoren wie auch kulturhistorische Bezüge innerhalb der Sprache möglichst nachvollziehbar werden zu lassen. Manchmal gehe dabei zwangsläufig etwas verloren, dennoch ist sie überzeugt: »Alles Menschliche und Soziale ist übersetzbar.«[8]

So gestalteten und gestalten Künstler, Kulturschaffende und Wissenschaftler in Sachsen das Bild des Orients mit, sie verändern es und können großen Einfluss darauf nehmen, wie die Region in weiten Kreisen der Gesellschaft wahrgenommen wird. Sie können Generalisierungen von »dem Orient« oder »dem Islam« entgegenwirken und differenzierte Einblicke geben. Diese Diskurse, die über eine Konstruktion des Anderen, sei sie herabwürdigend oder romantisierend, hinausgehen, sind von großer Bedeutung. Dadurch wird hervorgehoben, worum es auch geht, wenn von Muslimen in Sachsen gesprochen wird: um Menschen, die hier leben.

Zum Weiterlesen

- Pflitsch, Andreas: Mythos Orient: eine Entdeckungsreise. Freiburg 2003.
- Hall, Stuart: Representation: Cultural Representations and Signifying Practices. London 2002.

1 Said, Edward: Orientalismus. Frankfurt a. Main 1981, S. 8.

2 yenidze.eu/yenidze/heutige-nutzung (23.06.2015).

3 voelkerkunde-dresden.de/index.php?id=391 (11.09.2015).

4 refaiya.uni-leipzig.de (23.08.2015).

5 Vgl. Klemm, Verena (Hg.): *Refaiya 1853. Buchkultur in Damaskus*. Leipzig 2013, S. 11. Siehe auch: Klemm, Verena / Liebrenz, Boris u. a.: *Die Refaiya aus Damaskus. Eine alte arabische Bibliothek geht in Leipzig online*. In: BIS – Das Magazin der Bibliotheken in Sachsen. Jg. 2, Bd. 4, 2009, S. 256–259.

6 Ekici, Nezaket: »Post it«, 2015. Begleittext zur Installation, 2015. Hervorhebung durch die Verfasserinnen.

7 Vgl. Zamankhan, Schahrzad: *Auf harmonisch provozierende Art. Interview mit Nezaket Ekici, 2015*. In: MONOPOL Magazin für Kunst und Leben, 17.07.2015, monopol-magazin.de/node/4193 (27.06.2015).

8 Regina Karachouli bei ihrem Vortrag im Haus des Buches Leipzig, 07.07.2015. Zu Regina Karachouli und ihrem Mann Adel Karasholi siehe: Stock, Kristina: *Karasholi und Karachouli umarmen die Meridiane*. In: Stock, Kristina / Hamouda, Fayçal (Hg.): Orientalisches Leipzig. Leipzig 2013, S. 54–71.

▲ Politische Verflechtungen und Interventionen: Der Dresdner Künstler Till Ansgar Baumhauer arbeitete den deutschen Bundesadler aus einem afghanischen Teppich heraus. Der »Adlerteppich I« spielt auf mehreren Bedeutungsebenen mit dem Symbol deutscher Staatshoheit. (Mit freundlicher Genehmigung des Künstlers)

Ausgewählte Literaturempfehlungen

- Aumüller, Jutta: *Islam und Politik – Akteure, Themen, Handlungspotenziale*. In: Rohe, Mathias u. a. (Hg.): HCI, Bd. 2, Freiburg i. Breisgau 2014, S. 769–796.
- Beinhauer-Köhler, Bärbel / Leggewie, Claus (Hg.): Moscheen in Deutschland. Religiöse Heimat und gesellschaftliche Herausforderung. München 2009.
- Ceylan, Rauf: Die Prediger des Islam. Imame – wer sie sind und was sie wirklich wollen. Bonn 2010.
- Hafez, Kai / Schmidt, Sabrina: Die Wahrnehmung des Islams in Deutschland. Gütersloh 2015.
- Halm, Dirk / Meyer, Hendrik (Hg.): Islam und die deutsche Gesellschaft. Wiesbaden 2013.
- Halm, Heinz: Der Islam. Geschichte und Gegenwart. 10. Aufl., München 2015.
- Haug, Sonja / Stichs, Anja: *Muslimisches Leben in Deutschland – Zahl der Muslime, Arbeitsmarktintegration, Soziale Integration*. In: Rohe, Mathias u. a. (Hg.): HCI. Bd. 1, S. 72–128.
- Heine, Peter: Einführung in die Islamwissenschaft. Berlin 2010.
- Hippler, Jochen / Lueg, Andrea: *Einleitung*. In: Dies. (Hg.): Feindbild Islam oder Dialog der Kulturen? Hamburg 2002.
- Kermani, Navid: Wer ist wir? Deutschland und seine Muslime. 2. Aufl., München 2010.
- Korn, Lorenz: Die Moschee. Architektur und religiöses Leben. München 2012.
- Lüders, Michael: Wer den Wind sät. Was westliche Politik im Orient anrichtet. 12. Aufl., München 2015.
- Perthes, Volker: Das Ende des Nahen Ostens, wie wir ihn kennen. Ein Essay. Berlin 2015.
- Pflitsch, Andreas: Mythos Orient: Eine Entdeckungsreise. Freiburg i. Breisgau u. a. 2003.
- Rohe, Mathias: Das islamische Recht. Eine Einführung. München 2013.
- Rohe, Mathias / Engin, Havva / Khorchide, Mouhanad / Özsoy, Ümer / Schmid, Hansjörg (Hg.): Handbuch Christentum und Islam in Deutschland. Grundlagen, Erfahrungen und Perspektiven des Zusammenlebens. 2 Bde., Freiburg i. Breisgau u. a. 2014.
- Said, Edward: Orientalismus. Frankfurt a. Main 1981.
- Schneider, Irene: Der Islam und die Frauen. München 2011.
- Spuler-Stegemann, Ursula: Muslime in Deutschland. Nebeneinander oder Miteinander? Freiburg i. Breisgau u. a. 1998.
- Stock, Kristina / Hamouda, Fayçal (Hg.): Orientalisches Leipzig. Orte, Menschen, Bauwerke, Institutionen. Leipzig 2013.
- Tan, Dursun: *Muslime als Träger sozialer Verantwortung*. In: Rohe, Mathias u. a. (Hg.): HCI. Bd. 2, Freiburg i. Breisgau 2014, S. 664–679.

Nachschlagewerke

- Elger, Ralf / Stolleis, Friederike (Hg.): Kleines Islam-Lexikon. Geschichte – Alltag – Kultur. 5. Aufl., München 2008.
- Encyclopaedia of Islam. 2. Aufl. (EI2), hg. von Bearman, P. / Bianquis, Th. / Bosworth, C. E. / van Donzel, E. / Heinrichs, W. P., Leiden 1960–2004.
- Encyclopaedia of Islam. 3. Aufl. (EI3), hg. von Fleet, Kate / Krämer, Gudrun / Matringe, Denis / Nawas, John / Rowson, Everett, Leiden 2007–.

Studien

- Decker, Oliver / Kiess, Johannes / Brähler, Elmar: Die Mitte im Umbruch. Rechtsextreme Einstellungen in Deutschland 2012. Bonn 2012.
- Decker, Oliver / Kiess, Johannes / Brähler, Elmar: Die stabilisierte Mitte. Rechtsextreme Einstellung in Deutschland 2014. Leipzig 2014.
- Frindte, Wolfgang / Boehnke, Klaus / Kreikenbom, Henry / Wagner, Wolfgang: Lebenswelten junger Muslime in Deutschland. Ein sozial- und medienwissenschaftliches System zur Analyse, Bewertung und Prävention islamistischer Radikalisierungsprozesse junger Menschen in Deutschland. Hg. vom BMI, 2011.

▸ Halm, Dirk / Sauer, Martina / Schmidt, Jana / Stichs, Anja: Islamisches Gemeindeleben in Deutschland. Hg. vom BAMF, Forschungsbericht 13, 2012.
▸ Haug, Sonja / Müssig, Stephanie / Stichs, Anja: Muslimisches Leben in Deutschland. Hg. vom BAMF, i. A. der DIK, Forschungsbericht 6, 2009.
▸ Religionsmonitor. Sonderauswertung Islam 2015. Hg. von der Bertelsmann Stiftung, 2015.

Internetseiten

▸ Deutsche Islam Konferenz (DIK): deutsche-islam-konferenz.de.
▸ religion vor ort. Religionswissenschaftliche Geoinformation (Hg.): Sachsen. Islam: Ahmadiyya – Schiiten – Sunniten. 2012, religion-vor-ort.de/religion.php?religion_id=3&bundesland=Sachsen.
▸ Stadt Leipzig, Referat für Migration und Integration (Hg.): Daten und Fakten zur Präsenz von Musliminnen und Muslimen in Leipzig, zu Grundsätzen der Religionsausübung und zum interreligiösen Dialog. 2014, leipzig.de/news/news/daten-und-fakten-zu-muslimen-in-leipzig/.
▸ Stadt Leipzig, Referat für Migration und Integration (Hg.): Religiöse Gemeinschaften von Migrantinnen und Migranten und interreligiöser Dialog. 2015, leipzig.de/jugend-familie-und-soziales/auslaender-und-migranten/migration-und-integration/interkulturelles-leipzig/religioese-gemeinschaften/#c49632.

Abkürzungen

Institutionen

BAMF Bundesamt für Migration und Flüchtlinge
bpb Bundeszentrale für politische Bildung
DIK Deutsche Islam Konferenz
DITIB Türkisch-Islamische Union der Anstalt für Religion e.V. (Diyanet İşleri Türk İslam Birliği)

Quellen

EI Encyclopaedia of Islam
HCI Handbuch Christentum und Islam in Deutschland
LVZ Leipziger Volkszeitung
MLD Muslimisches Leben in Deutschland (BAMF-Studie im Auftrag der DIK)

Die Autorinnen und Autoren

Suzanne Awada studiert Arabistik an der Universität Leipzig. Sie ist Gründungsmitglied der Initiative »Engagiert für Geflüchtete in Leipzig« und übernimmt überdies Übersetzungsarbeiten in Flüchtlingsunterkünften. Darüber hinaus engagierte sie sich für ein halbes Jahr in libanesischen Flüchtlingscamps.
Tom Bioly studiert Religionswissenschaft im Masterstudiengang an der Universität Leipzig. Er engagiert sich im Leipziger eurient e.V. für transmediterranen Kulturdialog.
Janna Burr absolvierte nach ihrem Abitur 2011 ein freiwilliges soziales Jahr an der Europaschule Kairo in Ägypten. Seit 2013 studiert sie Arabistik an der Universität Leipzig und engagiert sich im Bereich der Sprachmittlung für Geflüchtete.
Hannah Cremer hat in Leipzig Ethnologie im Bachelor studiert. Ihre Bachelorarbeit schrieb sie über die Stadtentwicklung in den Leipziger Vierteln Neustadt-Neuschönefeld und Volkmarsdorf.
Hans-Georg Ebert hat Arabistik und Rechtswissenschaft studiert, Promotion 1982, Habilitation 1990 auf dem Gebiet des islamischen Rechts. Seit 1998 ist er Professor für Islamisches Recht an der Universität Leipzig.
Tarek El-Sourani studiert Arabistik in Leipzig. Er absolvierte Studienaufenthalte in Nordafrika und im Nahen Osten. Er engagiert sich in der Flüchtlingshilfe und im interreligiösen Dialog.

Marie Hakenberg hat Arabistik, Soziologie und Germanistik an der Universität Leipzig studiert. Sie ist seit 2013 wissenschaftliche Mitarbeiterin am Orientalischen Institut und promoviert über Ismailiten im post-sowjetischen Tadschikistan.

Annett Heerklotz hat Geografie in Marburg und Stockholm und Arabistik in Leipzig und Kairo studiert. Sie ist Tutorin am Orientalischen Institut der Universität Leipzig und arbeitet als Übersetzerin in der Flüchtlingshilfe.

Verena Klemm studierte Islamwissenschaft, Religionswissenschaft und Empirische Kulturwissenschaft an der Universität Tübingen. Promotion 1989, Habilitation 1997 in Hamburg. Seit 2003 ist sie Professorin für Arabistik und Islamwissenschaft an der Universität Leipzig.

Wenke Krestin studierte Arabistik, Religionswissenschaft und Deutsch als Fremdsprache an der Universität Leipzig. Sie absolvierte Praktika und Forschungsaufenthalte in Ägypten, Marokko, Algerien und dem Sudan. Sie promoviert zu algerischen Privatunternehmern. Durch ihre langjährige ehrenamtliche Tätigkeit im eurient e.V. ist sie mit lokalen und regionalen Migranten- und Flüchtlingsorganisationen vertraut und vernetzt.

Sabine Liesche studierte an der Universität Leipzig Religionswissenschaft, Arabistik und Japanologie. Seit 2012 betreibt sie den Blog religioholic.de und beschäftigt sich insbesondere mit dem Islam und gegenwärtigen religiösen Phänomenen. Ihr E-Book »Staat und Religion« wurde im Verlag sciebooks veröffentlicht.

Ulrike Noack studierte von 2001 bis 2008 an der Universität Halle-Wittenberg Arabistik und Islamwissenschaft. Sie ist seit 2013 als Curricularmanagerin im Studienbüro der Fakultät für Geschichte-, Kunst- und Orientwissenschaften der Universität Leipzig tätig.

Rebecca Nordin Mencke studiert seit 2008 Arabistik an der Universität Leipzig. Auslandsaufenthalte absolvierte sie an der American University Beirut (AUB, Libanon), in Rabat (Marokko) und Amman (Jordanien). Neben dem Studium arbeitet sie als freie Autorin und Nachrichtenredakteurin, v.a. für den MDR.

Katharina Pfannkuch studierte in Kiel, Tunis, Dubai und Leipzig Islamwissenschaft und Arabistik. Sie veröffentlichte zwei Bücher zum islamischen Finanzwesen und arbeitet seit 2013 als freie Journalistin u.a. für Die Welt, Zeit Online, Spiegel Online, Cicero und zenith. Zudem ist sie als Referentin und Moderatorin tätig; ihr Arbeitsschwerpunkt liegt auf muslimischen Jugend- und Subkulturen.

Rowena Richter studierte zunächst Arabische und Hebräische Studien an der Universidad de Barcelona und arbeitete als Französischlehrerin für eine NGO in Marokko, bevor sie 2013 mit dem Studium der Arabistik an der Universität Leipzig begann. Sie ist Gründungsmitglied der Initiative »Engagiert für Geflüchtete in Leipzig« und unterstützt Geflüchtete auf verschiedenen Ebenen.

Sheryn Rindermann studierte Arabistik am Orientalischen Institut der Universität Leipzig. Sie absolvierte Studien- und Forschungsaufenthalte unter anderem in Syrien, im Libanon und Iran. Sie promoviert über schiitische theologische Hochschulen in Iran und Libanon.

Marcus Schoft hat in Bamberg den Bachelor Islamischer Orient abgeschlossen und studiert nun in Leipzig im Masterstudiengang Arabistik. Als freier Journalist arbeitete er bereits für das Orient-Fachmagazin zenith sowie für Deutschlandfunk und Bayerisches Fernsehen.

Holger Schuckelt studierte Orientalische Archäologie mit Spezialisierung auf Islamische Kunst an der Martin-Luther-Universität Halle-Wittenberg. Seit 1988 ist er in der Rüstkammer der Staatlichen Kunstsammlungen Dresden für die orientalischen Bestände und die europäischen Harnische verantwortlich. Er kuratierte mehrere Ausstellungen und ist Autor zahlreicher Publikationen.

Leonie Stenske arbeitete zwei Jahre in Südkorea als Lehrerin für Deutsch und Englisch. Seit 2013 studiert sie Arabistik an der Universität Leipzig.

Helena Werhahn ist Studentin im Bachelor Arabistik und gründete 2013 mit Kommilitoninnen die Initiative »Engagiert für Geflüchtete in Leipzig«. Derzeit arbeitet sie im Rahmen eines Europäischen Freiwilligendienstes für die Nichtregierungsorganisation »Leaders of Tomorrow« in Amman, Jordanien.

Tamara Wyrtki hat in Leipzig und Kairo Arabistik studiert und ihren Bachelor mit einer Arbeit zur syrischen Kunst- und Kulturproduktion im Exil abgeschlossen. Seit 2014/15 studiert sie in einem Doppelmaster Arabistik und Wirtschafts- und Sozialgeografie.

Martin Zabel reist seit 2008 regelmäßig zu Studienzwecken in den Nahen Osten und nach Nordafrika. Er ist Student der Arabistik an der Universität Leipzig, engagiert sich in der Sprachmittlung für Geflüchtete und ist Referent für sicherheitspolitische Themen.